L'HONNEUR

DE

LA FAMILLE

PAR

Alexandre-Gabriel EPAILLY,

Membre de l'Institut historique,
Auteur d'Angelo Broschi, de Louise de Crémanvillé, etc.

PARIS,

CHEZ L'AUTEUR, 22, RUE CADET,

ET CHEZ LES PRINCIPAUX LIBRAIRES.

1866

L'HONNEUR DE LA FAMILLE

Récits historiques et Portraits.

PREMIÈRE PARTIE.

—

Le Colonel EPAILLY.

(SA VIE MILITAIRE, SCIENTIFIQUE ET DIPLOMATIQUE),

—

Le Capitaine EPAILLY (Louis)

(SA MORT HÉROÏQUE SUR LE CHAMP DE BATAILLE EN 1814.)

———

L'année 1769 fut une année extraordinaire et produisit des hommes remarquables, dans toutes les carrières et dans tous les pays.

C'était l'époque qui devait voir naître les hommes dont l'âge atteindrait 20 à 25 ans au moment de la Révolution, et qui, dès lors, devaient y prendre une part active et grandir avec elle.

Or, ce fut le 30 septembre 1769, dans un petit village situé aux environs de Salins (département du Jura), que naquit Anatoile-François Epailly.

Il y avait quarante-cinq jours écoulés depuis la naissance de Napoléon à Ajaccio. Louis XV vieillissant, régnait à Versailles. Voltaire et Jean-Jacques Rousseau vivaient encore.

Anatoile est un nom assez répandu dans les environs de Salins ; c'était autrefois celui d'un saint très-honoré dans ces montagnes, et la cathédrale de Salins porte le nom de Saint-Anatoile.

Le père d'Anatoile-François, était Joseph Epailly exerçant les fonctions de procureur d'office de la justice et seigneurie du village de Mouchart; il était aussi commissaire à Terrier, car il est ainsi désigné dans son acte de mariage du 23 août 1768, dans une procuration à lui délivrée, le 24 décembre 1773, par le marquis de Germigney, et dans d'autres actes.

Plus tard, il devint, sous la République, conservateur des hypothèques à Dôle, et sous l'Empire, il fut attaché comme arpenteur-géomètre à l'Administration des Forêts.

L'acte de naissance d'Anatoile-François, dressé par le curé Thuriet, constate qu'il fut baptisé le 2 octobre, que sa mère était Françoise Rousset, son parrain Anatoile Rousset, et sa marraine Jeanne-Françoise Prélat d'Offlange..

L'enfance de François Épailly se passa paisiblement au milieu des champs et des vignes, dans l'air salubre de la campagne.

Lorsqu'il eut dix ans, ses parents le placèrent au Collége des Oratoriens, de Salins, où il fit d'excellentes études littéraires et scientifiques; son amour du travail était remarquable.

En 1787, il avait dix-huit ans et quitta le collége, après avoir terminé ses cours d'humanité et de philosophie.

Jusqu'en 1791, il étudia dans sa famille et aida son père dans ses travaux.

En 1791, il fut nommé archiviste du district de Dôle, à l'âge de vingt-deux ans.

Mais bientôt, la France attaquée par les armées étrangères, eut besoin de tous ses enfants pour en faire des soldats; et François Epailly partit pour l'armée le 31 octobre 1793, en qualité de soldat au 2me bataillon des volontaires du district de Dôle.

Le 7 novembre suivant, Claude-Antoine Figurey-Bey, commissaire des guerres, employé dans la sixième division militaire, le nomma quartier-maître trésorier au même corps.

Il avait alors vingt-quatre ans.

C'était une grande époque pour la nation française :

La Bastille, ce repaire de l'arbitraire du Pouvoir et des grands, avait été démolie par le peuple. L'Assemblée Constituante et l'Assemblée Législative avaient fait place à la Convention, le 21 septembre 1792.

L'Autriche, la Prusse, la Russie, excitées par les princes émigrés, avaient déclaré la guerre à la France, et bientôt elles entraînèrent dans leur ligue l'Angleterre, l'Espagne, la Hollande, le Pape, le Piémont, la Saxe, le roi de Naples.

La France avait déjà répondu par les victoires peu décisives de Valmy et de Jemmapes.

Louis XVI, entraîné dans l'abîme par la difficulté des circonstances, par une noblesse imprudente et par un clergé aveuglé, avait essayé de fuir dans la direction de Coblentz, du côté où se tenait l'ennemi, sans avoir abdiqué d'avance la couronne, et cet infortuné souverain avait ainsi, pour ainsi dire, prononcé son arrêt. Il était mort ensuite, avec résignation, sous la hache du bourreau, et la reine Marie-Antoinette, cette courageuse fille de l'Autriche, venait de subir, à son tour, le même sort; cruauté inutile et odieuse.

La Vendée s'était insurgée contre le Gouvernement; les armées ennemies attaquaient de tous les côtés les frontières de la France.

Cette situation était très-grave :

La Convention avait confié le soin de sauver la France de l'invasion et de la destruction à un comité de salut public plein d'énergie, et armé d'un pouvoir terrible.

Les membres qui la composaient étaient :

Carnot; Robespierre; Saint-Just; Couthon; Danton;

Jean Bon Saint-André; Prieur de la Marne; Héraut de Séchelles; Robert-Sindet; Billaud-Varennes; Collot d'Herbois; Barrère.

Carnot avait organisé les armées du Rhin, du Nord, de la Moselle, d'Italie, des Pyrénées, de la Vendée.

La réquisition militaire du mois d'août 1792 avait produit 1,200,000 hommes; tous les jeunes gens de dix-huit à vingt-cinq ans étaient sous les armes.

Les Autrichiens et les Prussiens, sous les ordres du général Wurmser et du duc de Brunswick, avaient envahi l'Alsace; ils bloquaient Landau, et occupaient Wissembourg; il fallait d'abord les chasser.

Les volontaires du Jura dont François Epailly faisait partie furent envoyés à Besançon, et de là à l'armée du Rhin qui était commandée par le général Pichegru.

Le comité de salut public délégua à Strasbourg, où un complot royaliste venait d'éclater, deux représentants du peuple : Lebas, républicain sincère, et Saint-Just, impitoyable législateur de vingt-cinq ans, grave et exalté, qu allait au feu comme un officier de hussards.

L'armée de la Moselle était commandée par le général Hoche, qui n'avait aussi que vingt-cinq ans et qui avait commencé par être simple soldat (c'était le temps des choses vraiment extraordinaires).

Le plan de campagne adopté par Carnot consistait à réunir les armées du Rhin et de la Moselle, de séparer les Prussiens des Autrichiens, et de les battre les uns après les autres.

Les Prussiens essayèrent d'enlever Bitche, mais ils furent repoussés.

Brunswick, alors sé retira avec ses troupes à Kayserlautern.

C'est là que Hoche l'attaqua le 28 novembre 1793, mais sans succès.

Sans se décourager, Hoche se retira sur Deux-Ponts et marcha contre Wurmser qu'il attaqua et qu'il battit le 22 décembre, à Werdt. Les Autrichiens qui avaient perdu beaucoup de canons et de prisonniers, se retirèrent sur Wissembourg.

Mais les deux armées du Rhin et de la Moselle étaient réunies; Hoche nommé commandant en chef, attaque vigoureusement les Autrichiens et les Prussiens, les repousse, s'empare de Wissembourg, et fait débloquer Landau.

Les armées ennemies repassent le Rhin et l'armée française prend ses quartiers d'hiver dans le Palatinat.

Ainsi se termina brillamment sur le Rhin la campagne de 1793.

Pendant ce temps, le commandant d'artillerie Bonaparte, jeune homme au teint pâle, aux cheveux longs, d'une taille petite (5 pieds 2 pouces), parti de Valence où il était en garnison, dirigeait l'artillerie au siége de Toulon, sous les ordres du général Dugommier.

Il n'était âgé que de vingt-quatre ans et trois mois. Dans le conseil de guerre il proposa de changer le plan d'opérations et d'attaquer le fort Léguillette qui fermait la rade. Son avis fut adopté, et après une vive canonnade, le fort fut pris d'assaut le 18 décembre; la colonne d'attaque était conduite par le capitaine Muiron; deux représentants du peuple assistaient à l'assaut. C'était Salicetti, et Robespierre le jeune. Les flottes anglaises et espagnoles abandonnèrent la ville après avoir embarqué les troupes et en brûlant 38 vaisseaux français.

Les forçats arrêtèrent l'incendie et sauvèrent 18 navires

Celui qui devait être la Révolution couronnée venait d'entrer en scène, par un coup d'audace et de génie!

La campagne de 1794 s'ouvrit dans le Nord, sur la Sambre. Pichegru commandait l'armée du Nord ; Saint-Just et Lebas étaient à Guise. Au mois de mars, l'ennemi avait dans les Pays-Bas 150,000 hommes, Autrichiens, Anglais, Hollandais.

Le 21 et le 26 avril, eurent lieu les combats sur la Helpe et autour de Landrecies, où l'armée française eut le dessous. Mais le 29, les généraux Souham et Moreau livrèrent le combat de Moucroën contre le général autrichien Clerfayt qui fut battu ; les Français prirent 33 canons, firent 1,200 prisonniers et s'emparèrent de la ville de Menin.

Le 30 avril, Carnot, pour écraser l'ennemi, ordonna au général Jourdan, qui commandait l'armée de la Moselle, de se porter à marches forcées sur la Sambre avec 45,000 hommes, et de se réunir à l'armée du Nord.

Le 18 mai, le général Souham et le général Bonnaud gagnaient la bataille de Turcoing, avec 70,000 hommes contre 100,000. Le général en chef Pichegru arriva quand la bataille était gagnée.

Le 9 février 1794, François Épailly fut incorporé dans le 8me bataillon du Jura ; en mars 1794 il fut détaché à la direction de l'artillerie à Strasbourg, et passa le 20 juin dans la 74me demi-brigade.

La bataille de Fleurus, près Charleroi, eut lieu vers cette époque.

Le commandement de l'armée du Rhin fut donné au général Michaud, qui obtint quelques succès contre les Autrichiens échelonnés sur la ligne de Manheim à Bâle.

C'est le 28 juillet 1794 (10 thermidor), que Robespierre, mis hors la loi, et condamné à mort sans débat et sans défense devant le tribunal révolutionnaire, périt sur l'échafaud, avec Saint-Just, sans dire un mot ni l'un ni l'autre ;

le comité de salut public se trouvant alors incomplet, on nomma pour remplir les vides les membres suivants :

Tallien, Briard, Thuriot, Eschassériau, Treillard et Laloi.

Je me souviens d'avoir vu ce dernier qui vivait encore en 1838, à Chaumont (Haute-Marne) C'était un petit vieillard, à culottes courtes, bas de soie noirs, souliers à boucles. Il était respecté et considéré.

François Epailly, fit avec la 74ᵐᵉ demi-brigade, la campagne de 1794 et en partagea les fatigues et les dangers.

La campagne de 1795 fut signalée par l'invasion de la Hollande.

Sur le Rhin, l'armée commandée par le général Pichegru, s'empara de Manheim et s'avança dans l'Allemagne. Jourdan prit Dusseldorf, Kléber combattit devant Mayence.

A Paris, la Convention était attaquée, le 20 mai 1795 (1ᵉʳ prairial), par le peuple, et délivrée par les géneraux Raffet et Menou.

Le 1ᵉʳ septembre 1795, la Convention fonda l'École polytechnique et tous les jeunes soldats instruits furent conviés à se présenter aux examens d'admission. François Epailly demanda donc l'autorisation de quitter provisoirement le service, pour se livrer aux études nécessaires ; il fut rayé des contrôles, le 23 septembre 1795, et fut employé à Paris, à l'Agence des poids et mesures, comme expéditionnaire d'abord, puis comme second employé principal. En octobre 1795, il fut nommé sous-chef du secrétariat à la Conservation générale des hypothèques, et le 30 avril 1796, il entrait à l'École polytechnique à l'âge de vingt-six ans et six mois ; il y resta deux ans et demi.

Pendant qu'il était à Paris, avant son entrée à l'École, il se passa des événements considérables : le 5 octobre 1795 (13 vendémiaire an 4), il y eut une insurrection réactionnaire de la bourgeoisie ou des sections contre la Convention. Barras, membre de la Convention, ancien officier, fut chargé de la défendre, et se fit adjoindre le général Bonaparte qui était alors en non activité, et qui fit mitrailler les sectionnaires sur les marches de l'église Saint-Roch. Ce fut le commencement de la fortune du général Bonaparte. — Lui qui devait un jour disperser une assemblée législative, par la force, et rétablir ensuite le trône, il commença par défendre des représentants du peuple, révolutionnaires et régicides !

Vingt jours après, le 26 octobre 1795, la Convention se déclara dissoute, après avoir sauvé la France de l'invasion, voté l'abolition de la peine de mort pour l'époque de la paix, la réunion du comté de Nice et de la Belgique à la France, et proclamé une amnistie générale, sauf une exception pour les individus compromis dans l'insurrection du 13 vendémiaire.

L'intérieur de la Convention avait été un vrai champ de bataille, car depuis la mort de Louis XVI, jusqu'à la dissolution de l'Assemblée, cinquante membres périrent sur l'échafaud, onze se donnèrent eux-mêmes la mort, et trois furent assassinés ; total : 64 morts tragiques, sur 720 membres environ, en moins de trois ans !

Le 1er novembre 1795, le pouvoir exécutif avait été constitué sous la forme d'un Directoire composé de cinq membres : Barras, Carnot, Rewbel, Lareveillère-Lepeaux, Letourneur.

Ce fut donc sous le Directoire, que François Epailly entra à l'École polytechnique ; la Place de la Révolution qui avait vu tomber récemment les têtes charmantes de Madame Roland et de Madame Dubarry, après tant d'autres, venait de changer de nom, et s'appelait la Place de la Concorde.

Toutefois, la Révolution n'était pas terminée, et les subsistances de Paris étaient encore difficiles. A cette époque les élèves de l'École polytechnique n'étaient pas casernés. Quoique militairement organisés et ayant le grade de sergent d'artillerie, ils habitaient en ville et recevaient une solde et des rations de pain. Les professeurs les plus distingués tels que Monge, Berthollet, etc., y donnaient l'enseignement scientifique.

La mère de François Epailly écrivait à son fils en 1797, ainsi qu'il suit :

« Dôle, ce 13 juillet (vieux style),
» 5ᵐᵉ année républicaine.

» Au citoyen Epailly, élève de l'École polytechnique, 5ᵐᵉ brigade *de Stéréotomie.*

» J'ai reçu ta lettre du 21 messidor ; j'attendais une » occasion favorable pour vous faire passer quatre louis, » parce que je pense bien que vous n'avez pas d'appointements suffisants. Je ne pourrai avoir un bon fromage » qu'au mois de septembre. »

Cette lettre prouve que les appointements n'étaient pas considérables, et que les vivres n'étaient pas abondants pour les deux élèves, car François Epailly était à l'École avec son frère Pierre-Antoine, âgé de vingt et un ans, qui devint plus tard ingénieur en chef des ponts-et-chaussées. (Ce dernier fut mon père.)

François Epailly s'appliqua surtout au dessin ; il fit à l'École un tableau aux crayons noirs, blancs et bleus, représentant l'intérieur d'une étable avec deux vaches et une paysanne, que je possède, et qui est vraiment admirable.

Il se mit en relations avec quelques personnes de haut rang, notamment avec M. Jean-Baptiste-Moïse Jollivet, conservateur général des hypothèques (maison de l'oratoire Honoré), qui devint plus tard le comte Jollivet, conseiller d'État, Commandeur de la Légion d'honneur, et qui l'honora constamment de son amitié.

Le Directoire gouvernait, de concert avec le Conseil des Cinq-Cents et celui des Anciens, qui siégeaient au palais des Tuileries.

Il devait en quelque sorte son existence au général Bonaqarte, qui à l'âge de vingt-six ans avait sauvé la Convention, le 5 octobre 1795.

Or, les deux frères Epailly étaient encore à l'École polytechnique lorsque le Directoire exécuta le coup d'État du 18 fructidor, an 5 (4 septembre 1797).

On sait qu'une réunion de députés réactionnaires se défiait du Directoire et voulait mettre hors la loi trois membres du gouvernement : Barras, Rewbel et Larevcillère. Le général Pichegru était de cette réunion. Les trois Directeurs, connaissant le complot, et ne croyant pas pouvoir l'atteindre par les voies judiciaires, voulurent le déjouer par la force. Au risque de donner au général Bonaparte qui commandait l'armée d'Italie, de dangereuses idées d'imitation, ils lui demandèrent un général capable de diriger les troupes sans donner d'ombrage au pouvoir ; Augereau fut désigné.

Le 18 fructidor, aux premières heures du jour, ce général occupa les Tuileries avec dix mille hommes et douze pièces de canon ! A huit heures les députés arrivent; on les laisse entrer, mais on ne leur permet plus de sortir. Siméon, président du Conseil des Cinq Cents, et Lafond de Ladebat, président de celui des Anciens, montent au fauteuil : des officiers les forcent à se retirer. On arrête les généraux Pichegru et Willot. Le directeur Carnot, averti, s'échappe et part pour la Suisse. L'autre directeur Barthélémy, est arrêté; on lui propose de fuir, et il refuse. On arrête aussi le président du Conseil des Anciens. Les députés sortent enfin de leurs salles de séance; ils reviennent ensuite en colonne serrée, après s'être réunis à d'autres collègues, mais sans respect pour leur dignité, un détachement de soldats les culbute et les disperse.

La force matérielle armée avait fait son office contre des hommes hostiles mais désarmés; funeste exemple, duel peu loyal, victoire peu honorable! il ne restait plus qu'à légaliser en quelque sorte les faits accomplis : les députés des deux Conseils amis du Directoire se réunissent à l'Odéon et à l'École de médecine et délibèrent ce qui suit :

Carnot et Barthélémy, 42 membres du Conseil des Cinq Cents, 11 membres du Conseil des Anciens, 42 journalistes, et quelques agents royalistes sont condamnés à la déportation, dans un lieu à choisir par le Directoire.

On ne guillottinait plus; depuis la journée du 9 thermidor où l'inflexible Robespierre avait dû sa chute au courage de Tallien, poussé lui-même par Thérésa Cabarrus, sa maîtresse, qui devint plus tard sa femme, les mœurs s'étaient adoucis; il y avait progrès; on se contentait de déporter; mais d'un autre côté, on condamnait sans jugement, et c'était encore assez barbare. Toutefois on pouvait prévoir que l'exil durerait peu, et qu'un changement de gouvernement y mettrait bientôt fin.

Barthélémy, Pichegru, Lafond de Ladebat, Barbé-Marboix, et 12 autres furent transportés à la Guyane; ils y trouvèrent Billaud-Varennes et Collot-d'Harbois qui les avaient précédés sous le régime de la Convention.

On donna au Directoire qui se compléta avec Merlin (de Douai), et François (de Neufchateau), le droit de suspendre les journaux jugés dangereux, de déporter les prêtres rebelles, et de faire sortir de France, sous peine de mort, dans un délai de quinze jours, les émigrés rentrés !

Pendant ce temps, que se passait-il aux armées ?

Les années 1796 et 1797 avaient vu les victoires remportées en Italie par le général Bonaparte, qui, à vingt-six ans, n'ayant fait encore que la guerre de siége et celle des rues, débutait par des succès continuels, dans la grande guerre des batailles rangées ; il était né, pour ainsi dire, général d'armée !

En 1798, pendant qu'il dirigeait si brillamment l'armée d'Égypte, celle du Rhin s'empara de Mayence.

Le 22 octobre 1798, François Epailly qui avait accompli deux années et demie d'études à l'École polytechnique fut envoyé à cette armée du Rhin, en qualité d'ingénieur-géographe adjoint.

Le corps des ingénieurs géographes chargés des travaux topographiques militaires avait été réorganisé par arrêté du Comité de salut public du 24 floréal, an III, signés par Gillet, Lacombe (du Tarn), Aubry, La Porte, Merlin (de Douai), Treillard et Defermon. Il y avait eu aussi deux autres arrêtés du Directoire, du 23 floréal et du 16 prairial an IV, signé : Carnot, président. L'un avait affecté une somme de 110,000 livres au service dont il s'agit, tant pour la mesure de l'arc du méridien qui devait servir de base à l'unité des poids et mesures, que pour les autres opérations astronomiques, géodésiques et topographiques militaires destinées à assurer les triangles qui devaient lier la carte générale de France aux pays voisins de la République. L'autre avait décidé que les ingénieurs chefs de section seraient payés sur le pied de capitaine, et les ingénieurs comme lieutenant.

Ce corps militaire et savant, qui depuis a été fondu dans celui de l'état-major, était chargé de faire les reconnaissances militaires, de dresser des cartes pour indiquer la position de l'ennemi et de fournir au général en chef les indications nécessaires pour la marche des troupes et les manœuvres; il était aussi chargé de lever le plan des champs de bataille et la carte des pays occupés par les armées françaises; l'uniforme était bleu avec collet et parement couleur orange, boutons et épaulettes d'or.

La science de la topographie militaire date surtout du xviiᵉ siècle. Les Suédois et les Hollandais publièrent à cette époque quelques traités. En Bavière, Appien s'y appliqua; en Autriche, ce fut Mueller; en Suisse, Schaufzer; Borgonéo, piémontais, publia un traité estimé. Chose étrange! les Français ne possèdent aucune carte graphique des batailles où s'illustra Henri IV, tandis qu'à la même époque la reine Élisabeth faisait tracer des cartes de l'Angleterre; le règne de Louis XIII se passa sans que nous eussions des notions exactes en fait de topographie. Il appartenait à deux glorieux souverains de notre histoire, Louis XIV et Napoléon Iᵉʳ, d'être chez nous les promoteurs et les initiateurs de cette science nouvelle.

Il existe un monument de topographie militaire qui date du règne de Louis XIV: c'est la représentation graphique des batailles du maréchal de Luxembourg, attestant que les Français ne voulaient plus désormais rester au-dessous de leurs voisins, sous le rapport de la topographie.

En 1777, une ordonnance du 26 février organisa militairement le corps des ingénieurs géographes, et pendant la guerre de 1792 la topographie rendit d'utiles services sous le régime d'un règlement qui datait du 25 avril 1792.

Nous avons vu comment le Comité de salut public et le Directoire réorganisèrent le service des ingénieurs militaires.

Nous avons vu aussi que François Epailly partit pour l'armée du Rhin en octobre 1798.

Or, l'année 1798 avait déjà été illustrée en Égypte par l'expédition mémorable du général Bonaparte, et en Italie par les succès du général Jean-Etienne Championnet, ce noble enfant de Valence, qui entra à Rome, conquit le royaume de Naples et fit prisonnier le général autrichien Mack avec tout son état-major.

L'ingénieur Epailly resta à l'armée du Rhin pendant les derniers mois de l'année 1798.

En 1799, il accompagna le général Masséna dans la belle campagne de Suisse, pendant laquelle ce général livra avec succès les batailles de Stockach, de la Limmat, de Zurich, etc., et chassa devant lui l'armée russe en déroute sous les ordres du général Suwarow.

Le 1er prairial an VII (mai 1799) il était à Zurich au quartier général de l'armée du Danube, et il recevait l'ordre suivant :

« L'adjudant-général chargé de la direction du » Bureau topographique au citoyen EPAILLY, » lieutenant ingénieur géographe.

» Conformément aux ordres que j'ai reçus du général en » chef et du général de division chef de l'état-major général » de l'armée, vous vous rendrez sur le champ, citoyen, » près du citoyen Weis, ingénieur géographe, officier de la » 11° demie-brigade d'infanterie légère, qui vous donnera » des ordres ultérieurs.

» Salut et fraternité,

» ABANCOURT. »

Le 20 du même mois, le même officier-général lui écrivait :

« Au quartier-général à Arau.

» Vous êtes désigné, citoyen, pour accompagner le ci-» toyen Weis, ingénieur géographe, dans la reconnaissance

» militaire qu'il est chargé de faire d'une partie de la fron-
» tière helvétique. Vous vous rendrez sans délai auprès de
» lui pour l'aider dans cette opération, à laquelle le général
» en chef attache *la plus haute importance.* »

Ce fut le 9 octobre suivant que le général Bonaparte
aborda à Fréjus en revenant d'Égypte, et un mois après,
d'accord avec deux membres du Directoire, Sieyès et
Roger-Ducos, grâce au concours actif de Cornet, député au
Conseil des Anciens; de Lucien Bonaparte, président du
Conseil des Cinq-Cents ; de Murat, de Lefèvre, de Sébas-
tiani et de l'armée de Paris, dont le Conseil des Anciens lui
avait donné le commandement, il exécutait le coup d'État,
ou suivant son expression, *la Révolution du 18 brumaire*
(9 novembre 1799). Il devenait ainsi premier Consul et chef
du gouvernement, sans arrestations, sans exil, sans effusion
de sang.

L'action du Gouvernement et des armées françaises allait
devenir plus énergique, plus habile et presque toujours
victorieuse, pendant dix ou douze ans. Toutefois, arrivé par
la force, le premier Consul allait se trouver entraîné fatalement à vouloir tout obtenir par la force et par la guerre,
et c'est par cet abus qu'il devait un jour succomber glorieu-
sement.

En novembre 1799 (8 frimaire an VIII) le lieutenant
Epailly reçut l'ordre ci-après :

« ARMÉE DU DANUBE.

» Au quartier général à Zurich, le 8 frimaire de
» l'an VIII de la République française une et
» indivisible.

» MASSÉNA, général en chef,

» Permet au citoyen Epailly, attaché au Bureau topogra-
» phique de l'armée d'Italie, de se rendre à Dôle pendant

» une décade, et se rendra de suite au quartier général à
» Gênes.

» Signé : MASSÉNA. »

Pendant l'année 1800, François Epailly fut sous les
ordres du général Moreau. On sait que l'armée de Moreau
passa le Rhin sur quatre points, Strasbourg, Brisach, Bâle
et Schaffouse ; qu'il combattit les Autrichiens à Lugen et à
Maskirch, et qu'il parvint à les chasser devant lui et à les
renfermer dans Ulm, en leur coupant le chemin de l'Italie.
Pendant ce temps, Masséna défendait héroïquement la ville
de Gênes ; Soult, sous ses ordres, se distinguait dans des
sorties terribles aux assiégeants, et recevait là cette bles-
sure à la jambe dont il boita toute sa vie.

L'opération heureuse de Moreau permit au premier Consul
de franchir le grand Saint Bernard, par la manœuvre la
plus hardie et la plus habilement dissimulée qui fut jamais,
de prendre par derrière l'armée autrichienne d'Italie et de
lui infliger une terrible défaite à Marengo, grâce à la bra-
voure du général Desaix qui rétablit le combat et paya la
victoire de sa vie.

En juillet 1800, le général de division Dessolle, à Augs-
bourg, chargea *le capitaine ingénieur géographe Epailly* du
levé de la carte de Souabe.

Le 23 septembre suivant, le capitaine Epailly fut nommé
chef de section (ayant rang de chef d'escadron) pour être
employé à l'état-major de l'armée d'Italie ; mais il ne partit
pas pour cette destination et reçut l'ordre de rester en
Allemagne. Jusqu'au 29 avril 1801 il fut employé à lever la
carte militaire de la Souabe, c'est-à-dire des pays qui composent aujourd'hui le royaume de Wurtemberg, le grand
duché de Bade et le royaume de Bavière.

Il passa l'année 1802 à Paris, au dépôt de la guerre, pour

la mise au net de cette grande carte de la Souabe qui est un chef-d'œuvre.

Le 18 juin 1803, le commandant Epailly reçut l'ordre de se rendre au quartier général de l'armée de Hanovre ; il fut placé là sous les ordres directs du général en chef Mortier, le même qui plus tard devint maréchal de France ; je me souviens d'avoir vu ce guerrier, avec son air calme et sa taille colossale, quelque temps avant l'attentat de Fieschi où il fut tué sur le boulevard du Temple, en 1835 ; à l'armée il n'avait jamais été blessé !...

Le 27 nivôse, an XII (janvier 1804), le commandant Epailly reçut l'ordre qui suit :

« ARMÉE DE HANOVRE.

» (République française).

» Edouard MORTIER, lieutenant-général, comman-
» dant en chef.

» D'après la demande du général de brigade Samson,
» directeur du dépôt général de la guerre, ordonne au chef
» de section Epailly, *chef du bureau topographique de l'ar-*
» *mée d'Hanovre*, de se rendre à Paris au dépôt général de
» la guerre, où sa présence est nécessaire pour achever des
» travaux qu'il a commencés.

» Au quartier général à Hanovre, le 27 nivôse, an XII. »

Le 18 mai 1804, le premier Consul avait été nommé Empereur par un sénatus-consulte.

Alors eurent lieu les grandes batailles d'Austerlitz, d'Iéna, d'Eylau, de Friedland, de Wagram.

Le commandant Epailly, pendant ces campagnes mémorables, fut presque toujours placé, comme chef de service, sous les ordres du général Berthier, chef d'état-major général et chef du cabinet topographique de l'Empereur.

Le 23 germinal an XIII (avril 1805), le général Berthier lui délivra un écrit ainsi conçu :

EMPIRE FRANÇAIS.

ARMÉE D'HANOVRE.

ÉTAT-MAJOR GÉNÉRAL.

« Au quartier-général, à Hanovre, le 23 germinal
» an XII.

» Le général de division, chef de l'état-major général de
» l'armée,

» Invite MM. les commandants d'armes, commissaires
» des guerres, baillis et bourgmestres des lieux dépen-
» dant de l'Électorat d'Hanovre, à faire fournir à M. Epailly,
» chef d'escadron directeur du bureau topographique de
» l'armée, chargé de la triangulation de la carte générale,
» parcourant en tous sens ledit Électorat, sur sa demande
» et d'après le présent ordre, tous les moyens les plus pro-
» pres à accélérer ses travaux, tels que :

» 1º Les ordonnances qui peuvent lui être nécessaires ;

» 2º Les vivres, fourrages, et logement pour lui, un des-
» sinateur et ses ordonnances ;

» 3º Quatre chevaux de trait pour la voiture qu'il a et qui
» lui sert à transporter ses instruments ;

» 4º Les guides et indicateurs dont il pourra avoir be-
» soin ;

» 5º Les cartes, plans et documents de toute espèce dont
» il demandera communication, à charge par lui de les
» rendre lorsqu'ils ne lui seront plus utiles ;

» 6º La facilité nécessaire pour l'établissement et la dis-
» position des clochers, tours, signaux et sites d'observa-
» tions qu'il aura choisis, et pour faire parvenir les lettres
» qu'il écrira pour son service. »

Cet ordre était suivi de la traduction en allemand.

Le 22 mars 1808, le commandant fut chargé d'une mission pour Hambourg sur les rives de l'Elbe.

De 1807 à 1809, il habita souvent le royaume de Westphalie, et il eut plus d'une fois l'honneur de dîner à la table du roi de Westphalie, Jérôme Bonaparte, qui a gouverné pendant sept ans ce pays de deux millions d'habitants, formé avec l'Électorat de Hanovre et les duchés et comtés environnants. J'ai eu souvent occasion de voir ce souverain, lorsque, après avoir été longtemps exilé de France, il y rentra en 1848 ou 1849 avec le titre de maréchal de France et prince du sang ; sa ressemblance avec l'Empereur était encore assez frappante, bien que, par suite de la vieillesse, elle eut pris une expression moins noble et moins régulière.

Le 15 septembre 1808, le ministre des finances de Westphalie, chargé du portefeuille de la guerre, remit au commandant Epailly l'ordre ci-dessous :

MINISTÈRE DE LA GUERRE.

« Cassel, le 15 septembre 1808.

» Le ministre des finances chargé du portefeuille de la » guerre invite MM. les préfets des départements de l'Elbe, » du Harz, de la Sulde, de la Leine et du Weser, à faire » fournir à MM. Epailly et Lecesne, ingénieurs géogra- » phes français, les guides, indicateurs, moyens de trans- » port, ainsi que tous les renseignements dont ils auront » besoin pour faire *la reconnaissance militaire* de l'Elbe, de » la Leine, de la Werra et du Weser.

» Les vivres et le logement leur seront fournis dans tous » les lieux où ils devront s'arrêter. »

M. le conseiller d'État Jollivet, sous les ordres duquel le commandant avait servi à Paris, pendant peu de temps, en

1795, et chez qui il avait logé, se trouvait alors ministre plénipotentiaire de l'Empereur des Français, Roi d'Italie, protecteur de la Confédération du Rhin, près les princes confédérés, et résidant à Cassel.

Ce ministre plénipotentiaire écrivait, le 24 septembre 1808, à M. le conseiller d'État Daru, intendant général de la grande armée à Berlin, ainsi qu'il suit :

« Monsieur et cher collègue, j'ai l'honneur de recom-
» mander à votre bienveillance M. le chef de bataillon
» Epailly, chargé par le général Sanson, directeur du dépôt
» général de la guerre, de la recherche des meilleures
» cartes d'Allemagne. Il a besoin de votre appui pour rem-
» plir sa mission avec quelque succès.

» Rendez-moi, je vous prie, le service de l'aider à ne pas
» faire *chou-blanc*. L'intérêt que je prends à lui comme
» *sujet très-distingué dans les sciences*, et parce que je le
» connais et l'aime depuis plus de quinze ans, me fait dé-
» sirer vivement de le voir accueilli et protégé par vous
» *pendant son séjour à Berlin.* »

Au milieu de tous ses travaux, poursuivis sans relâche, le commandant Épailly ne ménageait pas sa santé. Il tomba enfin malade par suite d'un refroidissement contracté en faisant des observations sur l'une des tours de Braunsche-veis.

Déjà, en 1805 et en 1807, il avait été autorisé à aller prendre les eaux d'Aix-la-Chapelle pour rétablir sa santé ; mais de nouvelles fatigues le clouèrent encore au lit.

Voici le certificat qui lui fut délivré par un docteur en médecine, le 23 avril 1808 :

« M. Epailly, chef de bataillon, ingénieur géographe,
» directeur du bureau topographique de l'armée dê Hano-
» vre, retourna, au mois de juillet 1805, à Hanovre, attaqué
» d'une maladie causée par les suites d'un refroidissement

» contracté en faisant des observations trigonométriques
» au haut d'une des tours de Braunscheveis. J'eus l'hon-
» neur de le traiter plusieurs mois de suite dans une fièvre
» arthritique excitée par les causes ci-dessus. *Le digne*
» *militaire* souffrit jour et nuit excessivement avec une
» patience admirable. L'armée française quittant Hanovre
» vers l'automne 1805, M. Epailly, point du tout guéri en-
» core, partit d'après mon conseil pour les bains d'Aix-la-
» Chapelle. Il s'est servi de ce bain et de bien d'autres en
» France, aussi a-t-il consulté plusieurs célèbres médecins ;
» mais, quoiqu'il ne souffre plus de la maladie même, il a
» beaucoup à supporter des désordres et destructions mêmes
» qu'elle a causés et dont il ne sera jamais débarrassé.

» Hanovre, ce 23 avril 1808.

» Jean STIEZLITZ, docteur en médecine. »

« Nous, juge et bailli de la ville neuve de Hanovre, attes-
» tons l'authenticité de la signature ci-dessus. En foi de
» quoi nous avons signé le présent acte.

» Signé : KAUFMAN. »

« Je certifie véritable la signature de M. Kaufman, ainsi
» que celle du médecin.

» Hanovre, le 9 mai 1808.

» Le gouverneur du Hanovre,
» Signé : LASALCETTE. »

Le 1er août 1809, vingt-trois jours après la bataille de
Wagram, le commandant Epailly reçut l'ordre de rentrer
au dépôt de la guerre à Paris, et y resta pendant toute
l'année 1810.

Il avait été, en Allemagne, en relations fréquentes avec
le général Guilleminot. On trouve dans les papiers qu'il a
laissés une pièce écrite de sa main, et ainsi conçue :

« Par compte arrêté définitivement entre M. le général
» de brigade Guilleminot et M. le chef de bataillon Epailly,
» celui-ci a reçu du premier une reconnaissance payable à
» première réquisition, de la somme de sept cent vingt
» francs, au moyen de quoi lesdits militaires se trouvent
» être réciproquement quittes l'un envers l'autre de toute
» espèce de dette, pour les relations qu'ils ont eues en-
» semble.

» Fait double à Paris, le 3 mai 1810. »

Ce fut à cette époque que le commandant Épailly fut
nommé orateur à la loge maçonnique des Cœurs-Unis,
vallée de Paris. Il devint ensuite député au Grand-Orient,
avec le cordon aurore.

Le 11 mars 1811, il reçut l'ordre de partir pour la Hollande, et fut chargé de commander la brigade des ingénieurs
employés au levé de la carte de ce royaume, qui venait
d'être réuni à la France. Il habita principalement, en 1811
et 1812, tantôt à Amsterdam, tantôt dans la ville de Groningue, capitale de la province de ce nom ; il fit là une
grave maladie contractée pendant le cours de ses travaux,
et qui tenait à la fois du rhumatisme et d'une fièvre rebelle.
Les médecins ne pouvaient le guérir ; il consulta un paysan
renommé par sa science empirique, et se trouva bientôt
rétabli ; mais il resta plié en deux sur le côté droit, et conserva les doigts des mains et des pieds légèrement estro-
piés.

Tout en rendant des services au Gouvernement, il n'oubliait pas sa famille.

Dès l'année 1805, il avait fait venir à ses frais, au lycée
Louis-le-Grand, son plus jeune frère, âgé de quinze ans,
Claude-Joseph Epailly, qui fut reçu vers 1811 à l'École
normale pour les sciences, et devint ensuite avocat à la
Cour de Paris.

Il s'occupait beaucoup aussi, en 1811, du jeune Prélat, son cousin, qui était alors élevé au lycée de Dijon, et qui, entré plus tard à l'École polytechnique, est devenu colonel d'artillerie et officier de la Légion d'honneur. Le jeune Prélat écrivait de Dijon au commandant Epailly, à Groningue : « Mon cher cousin, je n'ai pu jusqu'ici vous témoi- » gner toute ma reconnaissance pour tout ce que vous avez » fait pour moi, je m'empresse de remplir ce devoir. » Et dans une lettre suivante : « Après toutes les bontés que vous » avez eues pour moi, vous avez dû être étonné de ma » lenteur à vous en témoigner ma reconnaissance. Je tra- » vaille de tout mon pouvoir à mériter de plus en plus vos » bontés. » Et son père écrivait au commandant Epailly, de Salins, le 29 novembre 1811 : « Mon cher cousin, je ne me » suis pas encore acquitté, si toutefois la chose est possible, » de ce que je vous dois. On a été content de *Lili* au lycée ; » j'espère qu'il répondra à ce que vous avez bien voulu » faire pour lui. »

La mère du commandant Epailly vivait encore, et elle lui écrivait, le 5 novembre 1811, ainsi qu'il suit :

      « A M. Epailly, chef d'escadron, commandant la
      » brigade des ingénieurs chargés de la levée de
      » la carte de la Hollande, à Groningue, dépar-
      » ment de l'Ems occidental.

        « Dôle, le 5 novembre 1811.

» Mon ami, j'ai enfin reçu ta lettre ; nous l'attendions » avec empressement. Quoique je te dise que tu n'écris » pas assez souvent, ce ne sera jamais en manière de » reproche, mais plutôt de tendresse ; et quand même, ce » qui ne pourrait arriver que par la multiplicité des affaires » dont tu peux être surchargé, tu écrirais encore plus

» rarement, je serais toujours persuadée que ton cœur n'y
» a aucune part. Je serais moins contente si je te voyais
» moins de dévouement, moins d'exactitude à tes fonctions ;
» je serais toujours dans la crainte qu'il n'en résultât quelque
» chose de désagréable pour toi, ce qui arriverait à toi
» peut-être plutôt qu'à un autre, parce que *souvent l'in-*
» *trigue est favorisée* au préjudice de la probité et de
» l'exactitude *de celui qui va droit.* »

Il est touchant de voir un témoignage de probité, d'exactitude et de dévouement donné ainsi, sans le vouloir, par une mère à son fils ; on voit que, même dans le Jura, on savait juger, comme ils le méritent, ceux qui réussissent par l'intrigue et non par le talent.

La funeste campagne de 1812 eut lieu pendant ce temps. Cette expédition, trop gigantesque et conçue par un grand esprit qui paya chèrement le soin qu'il avait pris de se soustraire à tout frein et à tout contrôle, échoua devant les torches promenées dans Moscou par les malfaiteurs et les gens de police, que guidait la pensée terrible du gouverneur Rostopschine.

L'Empereur échappa avec peine à l'incendie en quittant à pied le palais du Kremlin, à travers les brasiers, entre deux murailles de feu.

Pendant la désastreuse retraite, le général Guilleminot et le capitaine Trézel, qui faisaient partie du corps des ingénieurs géographes, furent blessés devant Smolensk. Le général Samson et onze ingénieurs géographes furent faits prisonniers par les Russes.

Le 5 août 1813, le commandant Epailly reçut l'ordre de rentrer au dépôt de la guerre, et vint se loger à Paris, rue Saint-Benoît, n° 18.

Le 30 mars 1814, lorsque l'ennemi se présenta devant

Paris, *il reçut l'ordre* de se rendre à Tours, probablement pour servir d'escorte à l'Impératrice et au Roi de Rome, qui quittaient Paris.

Le même jour, son parent bien-aimé, le capitaine Louis Epailly, qu'on appelait Epailly d'Angirey, se faisait tuer, à la tête d'une compagnie de la garde impériale, à la barrière Clichy. Ce brave capitaine était né en 1774 aux environs de Gray, dans le département de la Haute-Saône ; c'est là que prit naissance la famille Epailly, qui passa ensuite dans le Jura.

Soldat en 1791, il était devenu caporal, puis sergent, et était ensuite rentré dans ses foyers où il cultivait ses champs.

En janvier 1797, il était sur la place du village, lorsqu'il vit passer devant lui un conscrit qui partait en pleurant, et en manifestant un véritable désespoir ; saisi d'un mouvement de bonté, Louis prend subitement sa résolution, s'empare du sac du conscrit et part à sa place.

En 1800, il fut incorporé dans la garde consulaire et assista à la bataille de Marengo. Caporal en 1801, sergent en 1802, décoré en 1804, sergent-major en 1806, lieutenant dans la garde en 1807, capitaine dans la garde en 1813, il avait fait plus de dix campagnes, et n'avait jamais été blessé, quoique toujours au premier rang et d'une taille colossale. L'Empereur le connaissait, le tutoyait et l'aimait beaucoup.

En 1808, un décret impérial lui avait accordé, sous le n° 361, une dotation annuelle de 800 fr. sur le Mont de Milan, reversible dans la ligne directe. En 1811 et 1812, il avait commandé les dépôts de la garde impériale au château de Marq, près de Bayonne.

En mars 1814, étant au bivouac devant la ville de Laon, il eut les pieds brûlés par l'eau bouillante d'une marmite, et le 27 avril suivant il vint à Paris pour se faire guérir, grâce à un prêt de 200 fr. que lui fit le chef d'escadron Conteaux ; car le brave capitaine était un peu viveur, et il ne faisait jamais d'économie. Il descendit à Paris chez un nommé Harion, qui demeurait rue Joubert, n° 16.

Le 30 mars, lorsque les Prussiens attaquèrent Paris du côté de Montmartre, il entendit le canon, et aussitôt, malgré les représentations et les prières de Mme Harion, il monta à cheval, et partit vers le lieu du combat à la tête de quelques grenadiers. Bientôt, il fut atteint d'une balle au bras, mais il ne voulut pas se retirer ; entouré d'ennemis, il refusa de se rendre, et tomba frappé mortellement d'une balle en pleine poitrine. Le capitaine Ponsin le vit tomber de son cheval dans les bras du grenadier Dautel ; ce dernier, qui était de son pays, lui offrit un flacon d'eau-de-vie, mais le capitaine Epailly ne put parvenir à boire ; le sang qui lui sortait par la bouche l'en empêchait, et il expira. Son corps resta au pouvoir de l'ennemi vainqueur, et fut probablement enseveli dans un fossé ou dans le cimetière le plus voisin. Il n'avait que trente-neuf ans !

Cette mort fut véritablement héroïque, car il n'y avait aucun espoir de succès ; l'ennemi avait une supériorité numérique écrasante ; on ne se battait du côté des Français que pour remplir un devoir d'honneur.

L'intrépide soldat ne voulut pas avoir le chagrin de voir les Cosaques dans les rues de Paris, il ne voulut pas voir abattre l'aigle impérial : il préféra mourir...

La mort au champ de bataille ne lui laissa pas le temps de se marier et d'avoir des descendants directs qui auraient hérité de sa dotation ; s'il n'a pas eu d'enfants, s'il n'a pu se marier, qui donc en est la cause ? qui, si ce n'est le gouvernement de l'Empereur Napoléon Ier lui-même ? car Paris n'avait pas été fortifié ; on ne l'avait pas mis en état de défense ; aucune armée suffisante ne protégeait la ville ; le Gouvernement avait fui vers Tours, et les ouvriers qui avaient demandé des armes pour faire des barricades avaient essuyé un refus.

Le capitaine Epailly n'eut pas même la consolation suprême de mourir en présence de son Empereur adoré qui combattait hors de Paris, et qui ne put arriver à temps pour défendre la capitale.

A la fleur de l'âge, et plein d'avenir, il donna volontairement sa vie par dévouement à l'Empire et à Napoléon.

(Ce titre saillant, dans ma famille, n'a jamais reçu récompense !...)

Douze jours après, l'Empereur abdiquait à Fontainebleau, et le lendemain de l'abdication, le commandant Epailly rentrait au dépôt de la guerre.

Jusqu'au 11 avril 1816, il fut employé à lever la carte des chasses et celle des environs de Paris.

Cependant, Claude-Joseph, le jeune frère du commandant Epailly était sorti de l'École normale, et avait été professeur successivement à Pau, puis à Nancy ; mais la carrière de l'enseignement lui plaisait peu et lui donnait à peine de quoi vivre. Le commandant le détermina, en décembre 1814, à donner sa démission et à venir faire son droit à Paris ; il se chargeait de toutes les dépenses nécessaires.

Cette détermination généreuse fut approuvée par son père, qui lui écrivait à ce sujet cette phrase :

« Toute ma peine, mon cher ami, est de n'être pas for-
» tuné pour pouvoir l'aider dans la nouvelle carrière que
» ton amitié fraternelle veut lui faire prendre. Il t'en sera
» sera toujours reconnaissant ; et moi, je jouirai le reste de

» mes jours d'une entière satisfaction, de ce que Dieu a
» bien voulu me donner des enfants qui font tout mon
» bonheur en ce monde. »

Le commandant Epailly n'était cependant pas riche, il
n'avait que 7,500 fr. d'appointements, mais ayant vécu
longtemps dans les pays ennemis ou conquis, il avait fait
quelques économies, grâce à une vie simple et sévère.

En 1814, le commandant comptait vingt et un ans de
services, presque toujours en campagne, comme chef de
service, remplissant les fonctions ordinairement attribuées à
un colonel, et il n'était encore que commandant (depuis
l'année 1800), et l'Empereur avait oublié de le décorer !...

Le commandant n'avait rien demandé.

Il se lassa pourtant de cette patience et de cette abné-
gation.

En octobre 1814, lorsqu'il vit que le roi Louis XVIII et
ses ministres étaient disposés à récompenser les services
rendus dans l'armée sous l'Empire, il adopta la devise :
Aide-toi, le ciel t'aidera, et *il demanda* la croix d'honneur
qu'il avait cent fois méritée. Elle lui fut accordée prompte-
ment : le 27 décembre 1814, il fut nommé chevalier !

Un peu plus tard, le 19 août 1818, il obtint la croix de
Saint-Louis, et fut reçu chevalier par le lieutenant-général
comte Guilleminot, grand-officier de la Légion d'honneur,
chevalier de l'Ordre royal et militaire de Saint-Louis.

Le gouvernement royal s'honorait lui-même en témoignant ainsi qu'il appréciait les services rendus à la patrie,
même sous un drapeau autre que le sien !

Pendant les Cent-Jours, le 31 mars 1815, le maréchal
prince d'Eckmül, ministre de la guerre, avait donné au
commandant Epailly l'ordre suivant :

« M. Epailly, chef d'escadron au corps impérial des ingé-
» nieurs géographes, prendra les ordres de M. le colonel

» Bonne, commandant la brigade des ingénieurs géogra-
» phes chargée de la continuation de la carte des environs
» de Paris. »

Le 7 décembre 1815, jour de sombre mémoire, le commandant, avec son frère Claude-Joseph, assista sympathi-
quement, dans la grande allée de l'Observatoire, près du
jardin du Luxembourg, à la mort héroïque du maréchal
Ney, qui commanda le feu et tomba en criant : Vive la
France ! Claude Joseph, quand le cadavre eût été enlevé,
alla pieusement tremper un morceau de papier dans le sang
qui couvrait la terre ; ce papier, je le possède aujourd'hui !

Ce fut en 1816 que le commandant Epailly reçut une
mission importante et difficile qui fut à la fois son honneur
et son tourment, et qui occupa son esprit vif et impatient
pendant tout le reste de son existence :

Je veux parler de la démarcation de la frontière à l'Est de
la France.

D'après les derniers événements dans lesquels la France
avait été vaincue par l'Europe entière coalisée, d'après les
traités qui avaient légalisé ces événements aussi tristes que
glorieux, il fallait faire rentrer la France dans ses anciennes
imites. Le temps des batailles et des conquêtes était passé.

Le corps des ingénieurs militaires allait cependant avoir
encore de grands devoirs à remplir, en défendant les intérêts français dans la fixation des limites.

La frontière de l'Est touche à la Suisse et au grand-duché
de Bade.

La surface du Rhin, entre la France et le grand-duché
de Bade, est de 36,000 hectares sur une longueur de
22 myriamètres (55 lieues), et des îles boisées occupant les
deux tiers du fleuve.

Lorsque, par le traité de Westphalie en 1648, l'Alsace

fut réunie à la France, le lit principal du Rhin, constituant ce qu'on appelle *le thalweg*, ou la voie la plus propre à la navigation pendant les basses eaux, forma la limite de souveraineté entre la France et l'empire germanique.

En même temps, on conserva une autre limite, parce que, depuis un temps immémorial, elle fixait la position respective des propriétés riveraines.

Il y eut donc, dès ce moment, entre la France et l'Allemagne, deux limites :

Celle de souveraineté

Et celle des propriétés (ou des bans des communes).

La première devait nécessairement varier avec les changements fréquents que subit le thalweg du fleuve.

La seconde était fixe, immuable, et divisait généralement en deux parties tout le lit du Rhin par une ligne brisée.

Les deux lignes se coupaient fréquemment, et il y avait toujours, de deux communes contiguës, une au moins dont une partie *d's propriétés* se trouvait soumise à la *souveraineté de l'autre rive.*

La limite *de propriété* ne pouvant être tracée généralement que dans les îles, était souvent détruite avec ces îles par le courant du fleuve ; sa reproduction dans les îles nouvelles qui se formaient exigeait des travaux de main d'homme.

Il résultait des discussions continuelles de la destruction du tracé matériel de cette limite.

En 1769, les deux gouvernements ordonnèrent une délimitation. Le roi de France nomma pour son commissaire le sieur Noblat, dont le nom désigne encore à présent la limite qu'il a tracée ; les opérations durèrent jusqu'en 1790, et n'étaient pas encore achevées à cette époque. Ainsi, on y consacra vingt et un ans *sans pouvoir les terminer*, ce qui

indique combien ces opérations étaient longues et difficiles.

Le traité signé à Lunéville le 9 février 1801 voulut éviter
l'inconvénient d'avoir deux limites, se croisant l'une, avec
l'autre : il attribua à la France un grand nombre des îles du
Rhin et fit du thalweg la limite de propriété aussi bien que
de souveraineté.

L'article 6 de ce traité était ainsi conçu :

« La République française possède désormais, en toute
» souveraineté et propriété, les pays et domaines situés à
» *la rive gauche* du Rhin, et qui faisaient partie de l'empire
» germanique, de manière que le thalweg du Rhin soit dé-
» sormais la limite entre la République française et l'em-
» pire germanique. »

En vertu de cet article, chacun des deux États s'empara
de tous les terrains que les communes de *la rive opposée*
possédaient dans sa souveraineté. Il en résulta que la limite
des propriétés, devenue la même que celle de souveraineté, fut soumise à toutes les variations capricieuses du
thalweg du fleuve.

Le traité de Paris du 30 mai 1814, article 3, § 5, et le
traité de Paris du 20 novembre 1815, article 1er, § 2, ordonnèrent la restitution des îles attribuées à la France
en 1801, et décidèrent que les changements du thalweg
n'auraient aucun effet sur la propriété des îles ; que cette
propriété resterait immuable, quels que soient les changements du thalweg.

Ils étaient ainsi conçus :

« (Traité de 1814). Quant au Rhin, le thalweg constituera
la limite, de manière cependant que les changements que
subira par la suite le cours de ce fleuve n'auront *à l'avenir
aucun effet sur la propriété des îles* qui s'y trouvent. L'état

de possession de ces iles *sera rétabli* tel qu'il existait *à l'époque de la siénature* du traité de Lunéville. »

« (Traité de 1815). Le *thalweg* du Rhin formera la *démarcation* eutre la France et les États de l'Allemagne ; mais *la propriété des îles*, telle qu'elle sera fixée à la suite d'une *nouvelle reconnaissance* du cours de ce fleuve, *restera immuable*, quels que changements que subisse ce cours par la suite du temps.

» Des commissaires seront nommés de part et d'autre par les hautes parties contractantes, dans le *délai de trois mois*, pour procéder *à ladite reconnaissance*. »

Une ordonnance royale des premiers jours de 1816 prescrivit en conséquence la reconnaissance du cours du Rhin, pour arriver à la fixation des *deux* limites *de souveraineté et de propriété*.

Le général comte Guilleminot, pair de France, fut nommé commissaire extraordinaire du Roi pour cette grande opération. Le grand duc de Bade nomma pour son commissaire M. le baron de Berckheim.

Le 11 avril 1816, le commandant Epailly fut mis par le ministre de la guerre à la disposition du ministre des affaires étrangères, pour être employé à la commission des limites de l'Est de la France ; il avait le titre de *Chef de la commission des limites*, et plusieurs ingénieurs militaires étaient placés sous ses ordres. Toutefois, il ne cessait pas d'être en rapport avec le dépôt de la guerre.

Ce fut alors qu'il conçut le plan de l'opération compliquée qui lui était confiée, et avec laquelle on ne pouvait trouver de l'analogie que dans celle pratiquée dans le Delta d'Égypte, pour rétablir l'état des propriétés, à la suite des inondations du Nil.

Il s'occupa d'abord de la partie des frontières de l'Est

qui touche à la Suisse, en ce qui concerne les cantons de Bâle, de Soleure, de Berne, de Vaud, de Genève et de Neuchâtel.

Ce dernier pays avait eu longtemps des souverains particuliers, puis il était échu à la Prusse. Le maréchal Berthier, prince de Wagram, en fut souverain, de 1806 à 1814. A cette dernière époque, il fut réuni à la Suisse, mais sous la suzeraineté du roi de Prusse, qui n'a abandonné ses droits que récemment, sous le règne de Napoléon III.

En 1817 et 1818, le commandant Epailly habita principalement Bâle, Lorrach et Huningue.

Le 7 mars 1818, à la suite d'une nouvelle organisation du corps royal des ingénieurs géographes, le commandant Epailly fut confirmé dans sa position, ainsi qu'il suit :

MINISTÈRE DE LA GUERRE.

DÉPOT DE LA GUERRE. (Lettre de service.)

« Louis, par la grâce de Dieu, Roi de France et de Na-
» varre,

» Ayant à nommer un chef d'escadron du corps royal des
» ingénieurs géographes militaires, pour être employé en
» cette qualité et commander sous les ordres de M. le comte
» Guilleminot, lieutenant-général et commissaire du Roi
» pour la démarcation des frontières de l'Est de la France,
» les officiers de son corps attachés à cette commission,

» A fait choix de M. Epailly (Anatoile François).

» Il est, en conséquence, ordonné aux officiers généraux,
» aux officiers d'état-major, à ceux de l'artillerie et du
» génie, aux intendants et sous-intendants militaires, aux
» commandants des corps et à tous autres qu'il appartien-
» dra, de le reconnaître et faire reconnaître en ladite qua-
» lité par ceux étant à leurs ordres,

» Conformément aux ordonnances et décisions ministé-
» rielles, il jouira d'un traitement supplémentaire de deux
» cents francs par mois.

» Fait à Paris, le 7 mars 1818.

» Le ministre secrétaire d'État de la guerre,

» Signé : GOUVION SAINT-CYR. »

Le 11 novembre 1818, le commandant Epailly écrivait de Strasbourg à son frère Joseph, avocat à Paris :

« Je suis arrivé ici avec le général Guilleminot pour être
» présent à l'arrivée de Son Altesse Royale le duc d'An-
» goulême. Le séjour sera de trois jours, selon toute appa-
» rence ; le nôtre durera autant ; après quoi je descendrai
» le Rhin jusqu'à notre frontière, c'est-à-dire jusqu'à Lau-
» terbourg, pour revenir ensuite à Bâle. »

Ainsi, en même temps qu'il s'occupait du tracé des limites avec la Suisse, il parcourait le Rhin, sur une longueur de cinquante lieues métriques, pour les études préparatoires.

Pour recouvrer une somme d'argent qu'il avait prêtée à un ami, il avait été obligé d'accepter la propriété d'une petite filature de coton à Paris, et de la revendre ensuite avec perte. Le 30 novembre 1818, il écrivait de Bâle à son frère Joseph sur ce sujet, ainsi qu'il suit :

« Il est des gens, mon ami, qui, quand on leur laisse des
» fonds dont on sait qu'ils tirent parti, sont un peu raison-
» nables sur leurs honoraires : je ne l'ai point trouvé dans
» la maison Mariton. A mon retour de Hollande, je voulus
» chercher à reconnaître les très-mauvais soins qu'on avait
» donnés à ma manufacture, et pour cela je fis des cadeaux
» de produits hollandais et anglais, n'osant offrir de l'ar-
» gent. Cela n'empêcha pas que l'on ne me portât en compte

» 99 fr. 25 c. pour frais de cette soi-disant gestion, qui
» s'était réduite à quelques lettres; car si j'ai perdu
» 5,000 fr., c'est parce que l'on n'a pas agi selon la con-
» fiance que m'ont inspirée de belles paroles. On est dis-
» pensé d'avoir des égards pour des gens qui, chargés de
» vos intérêts, y mettent de l'indifférence.

» J'avais donné à M. I .. une carte de l'Empire français
» en quatre feuilles, dans l'état de la plus grande extension
» qu'il a reçue; je ne l'ai pas moi-même. Sans trop vouloir
» la demander, je ne serais pas fâché de la recouvrer. »

On voit, par cet échantillon, que le style du commandant
était net, ferme et correct.

Le 27 janvier 1819, le commandant Epailly fut enfin
nommé lieutenant-colonel au choix, et maintenu chef de
la commission des limites; il était resté dix-huit ans dans
le grade de chef d'escadron, et à travers les plus grandes
campagnes de l'Empire!

Pourquoi un avancement si lent? On doit supposer que
son caractère droit et ferme ne lui permettait pas d'être
assez souple et assez courtisan devant les généraux et les
ministres.

Quand le travail des limites fut terminé pour le canton
de Soleure et pour Neuchâtel, le colonel Epailly reçut du
roi de Prusse une tabatière en or, enrichie de diamants,
avec le chiffre royal; et de la République de Soleure, une
médaille en or, portant une inscription et le nom du colonel.
Je donnerai plus loin les lettres très flatteuses qui accom-
pagnaient ces témoignages.

La tabatière du roi de Prusse disparut pendant les dernières années du colonel, sans que l'on ait pu déterminer
exactement ce qu'elle était devenue. Quant à la médaille de
la République de Soleure, elle passa, comme nous le ver-

rons plus tard, dans les mains d'une jeune femme qui exerça une influence fatale sur la vieillesse du colonel. Cette jeune femme prétend qu'elle l'a reçue en cadeau, mais sans pouvoir justifier d'aucun titre légal de possession.

Le 13 février 1820, au moment où le duc de Berry fut assassiné par Louvel, et mourut laissant sa veuve enceinte de deux mois, le colonel était encore à Huningue.

Il avait eu la douleur de perdre son père le 19 janvier précédent, à l'âge de soixante dix-huit ans trois mois.

Le 22 mars 1820, il reçut une mission pour Rastadt. L'ordre était ainsi conçu :

« Il est ordonné à M. le lieutenant-colonel Epailly,
» membre de la commission des limites de l'Est, de partir
» de suite pour se rendre à Rastadt, et y remplir la mis-
» sion qui lui est confiée; après quoi, il se rendra dans la
» ville de Bâle. Les autorités civiles et militaires sont invi-
» tées à lui prêter aide et secours au besoin.

» Strasbourg, le 22 mars 1820.

> Le lieutenant-général, commissaire du Roi pour
> la démarcation des frontières,

> Comte GUILLEMINOT. »

Le 20 décembre suivant, il reçut du même général, devenu inspecteur général du corps royal des ingénieurs géographe, l'ordre de se rendre à Paris pour lui rendre compte de ses travaux.

Le 15 octobre 1820, il était fixé à Strasbourg, où il habita désormais.

A cette date, une première convention fut conclue entre es commissaires français et badois, pour rectifier au moyen d'échange *la limite des propriétés* dans le Rhin.

D'après cette convention, le nombre des lignes de la

limite se trouve réduit à 120, et chaque ligne droite appartient à des triangles, dont l'angle qui lui est opposé a son sommet dans l'axe d'un clocher, sur l'une ou sur l'autre rive.

Cette même convention dispose qu'en échangeant la figure de la limite, on conservera à chaque propriété la même valeur. Toutes les iles étant boisées et formées de terrains d'alluvion, pour compenser les terrains existant au-dessus de l'eau par le droit aux atterrissements à venir, on compte, dans les échanges, cinq surfaces d'eau pour une surface de terre.

Dans le cours de cette année 1820, le colonel alla prendre les eaux à Badenweiler, petite ville située dans le grand-duché de Bade, au sud-est de Fribourg.

L'année 1821 lui apporta de grandes douleurs :

Il perdit, le 11 février, son jeune frère, Claude-Joseph Epailly, ancien élève de l'École normale, avocat à la cour royale de Paris, à qui il avait servi de père, et qui mourut à l'âge de trente ans, au moment où s'ouvraient devant lui les plus belles perspectives.

C'était un sujet des plus distingués, intelligent et laborieux, qui s'était attiré l'amitié et la protection de M. le conseiller d'État de Gérando et d'autres grands personnages.

Le 7 juin, il perdit sa mère, qui mourut à Dôle.

Le 5 mai, Napoléon était mort à Sainte-Hélène, à cinq heures quarante minutes du soir, après trois ans de souffrances !

Le Grand homme, le plus grand génie des temps modernes (dans l'ordre politique et militaire), succomba à une maladie de foie compliquée d'un ulcère cancéreux et d'un squirrhe induré à l'estomac. Le 3 mai, deux jours avant sa

4

mort, il avait fait ses adieux à ses fidèles amis, et avait prononcé ces paroles mémorables : « J'ai été obligé de » sévir, je n'ai pu débander l'arc, et la France a été privée » des *institutions libérales que je lui destinais*; mais elle » me tient compte de *mes intentions*; elle chérit mon » nom. »

On s'opposa à la dissection et à l'examen du cerveau de Napoléon ; mais les médecins reconnurent sur son crâne, d'après les procédés de Gall et Spurzheim, comme signes les plus apparents : 1° l'organe de la dissimulation ; 2° l'organe de la bienveillance ; 3° l'organe de l'imagination ; 4° l'organe de l'ambition ; 6° l'organe du calcul ; 7° celui de l'esprit d'induction !

Il avait des tubercules dans le poumon gauche, ce qui explique pourquoi lorsqu'il était premier Consul il avait le teint pâle et l'apparence d'un poitrinaire

Quelques jours avant de mourir, il avait fait son testament qui contenait cette clause importante, témoignant sa reconnaissance envers ses compagnons d'armes :

« Je lègue cent millions aux officiers et soldats de l'ar- » mée française qui ont combattu *depuis 1792 jusqu'à* » *1815* pour la gloire et l'indépendance de la nation, au » prorata des appointements d'activité. »

Ces cent millions devaient être pris sur son domaine privé qu'il évaluait à deux cents millions, et qui avait été formé par 12 millions d'économies faites en moyenne, chaque année, sur sa liste civile pendant quatorze ans, de 1800 à 1814 ; le surplus provenait sans doute de contributions de guerre levées en pays ennemis.

Il faut remarquer que l'Empereur n'avait pas l'intention de récompenser ainsi ceux qui n'avaient servi que pendant un an ou deux, par exemple en 1814 et 1815. Non, il fallait avoir servi de 1792 à 1815 ; et certes en 1821, ceux qui réunissaient cette condition n'étaient pas très-nombreux. La mort en avait déjà moissonné une grande partie.

Or, le colonel Epailly réunissait parfaitement cette condition; depuis l'année 1792, il avait toujours été sous les drapeaux. Il avait donc droit à sa part dans ces cent millions.

Le domaine privé de Napoléon Ier, ayant été confisqué par les Bourbons, il ne put réclamer son droit; ce n'est que sous le règne de Napoléon III, qu'il aurait pu réclamer. Mais en 1851, il avait quatre-vingt-deux ans, et il n'était pas en état de s'occuper utilement de ses affaires.

Le droit n'en existe pas moins; il y a un testament légal et régulier, et le traitement d'activité du colonel en 1821 étant de 8,500 fr., ce traitement, en tenant compte du nombre des militaires ayant servi depuis 1792 jusqu'en 1815 et existant en 1821, ou en 1851, constitue un droit incontestable, d'après nos lois civiles, à une somme fixe et précise, que ses héritiers peuvent revendiquer légitimement.

Or, quel est l'héritier de Napoléon Ier?

Son fils étant mort en 1832, son héritier politique est son neveu l'Empereur Napoléon III.

Car Napoléon Ier, de son vivant, avait décidé qu'à défaut d'enfant légitime provenant de lui, la succession au trône aurait lieu par ordre de primogéniture dans la famille de son frère Louis, Roi de Hollande.

D'un autre côté, l'on peut dire que les deux cents millions du domaine privé de Napoléon Ier, ayant été confisqués en 1814 par le roi Louis XVIII, et réunis au domaine de l'État, c'est à l'État à fournir ou restituer le fonds de cent millions que l'Empereur Napoléon Ier a légués à ses anciens compagnons d'armes.

C'est donc à l'Empereur Napoléon III et à l'État qu'il gouverne et administre, à exécuter le testament.

Examinons ce qui a été fait dans ce but.

Napoléon III a été proclamé Empereur le 22 décembre 1852; à dater de ce jour, Sa Majesté a eu dans les mains tous les moyens nécessaires pour surmonter les obstacles qui jusqu'alors avaient retardé l'exécution des dernières volontés dictées à Sainte-Hélène.

Peu de temps après, un crédit a été ouvert au budget de l'État pour l'exécution du testament impérial, et ce crédit a été réparti par les soins d'une commission spéciale qui fut instituée en août 1854.

Le colonel Epailly vivait encore, mais il avait quatre-vingt-cinq ans; il avait à peu près perdu la mémoire; il ne put faire aucune démarche.

La commission ne comprit dans la répartition que les anciens officiers et soldats de l'Empire et leurs descendants directs ! Mais cette décision ne fut sans doute que provisoire, car il est absolument impossible de concevoir sur quelle base de droit et de jurisprudence, la commission aurait établi un arrêt définitif sur cette base restrictive.

Le Code civil est formel : il ne reconnaît pas de différence entre la succession provenant de l'oncle célibataire au neveu, et celle provenant du père au fils. Et une commission, quelle qu'elle soit, n'a aucun titre évidemment pour réformer la loi et la jurisprudence.

Tous les héritiers, à quelque titre que ce soit, des militaires qui ont servi de 1792 à 1815 et qui sont morts après 1852 ont donc un droit égal au legs de cent millions, et il paraît hors de doute que si la question était portée devant un Tribunal, elle serait ainsi résolue.

Quoi qu'il en soit, en 1821, au moment de la mort de l'Empereur, le colonel Epailly ne s'occupa guère de cette question ; il ne pouvait pas se douter que le legs de Napoléon Ier serait un jour susceptible d'être exécuté, car Louis XVIII régnait aux Tuileries, et il était difficile de prévoir à ce moment que la dynastie des Napoléons remonterait sur le trône.

Il se contenta de pleurer, du fond du cœur, son Empereur bien-aimé, qu'il avait vu bien des fois sur les champs de bataille, et dont il était admirateur passionné.

Le colonel n'appréciait chez les hommes que trois choses : la probité, la capacité, l'énergie. Napoléon Ier réalisait complétement son idéal, et il est naturel qu'il lui ait voué une espèce de culte.

En 1823, eut lieu la guerre d'Espagne.

Le général Guilleminot y figura en qualité de chef d'État major général de Son Altesse Royale le duc d'Angoulême, commandant en chef, et c'est à ce moment que le colonel Epailly fut revêtu des fonctions de *Commissaire ordinaire du roi*, délégué, pour la démarcation des frontières.

Ce fait est constaté par la lettre ci-jointe du Directeur général des Ponts-et-Chaussées et des Mines, M. Becquey :

« Paris, le 21 mars 1823.

» À Monsieur le comte Guilleminot, lieutenant général.

» Monsieur le comte,

» J'ai reçu la lettre que vous m'avez fait l'honneur de m'écrire le 1er de ce mois et par laquelle vous m'annoncez que vous avez désigné M. le lieutenant-colonel Epailly, membre de la commission mixte chargée de la rectification du Rhin et de celle des limites de l'Est, *pour vous remplacer* provisoirement, *et signer en votre nom* la correspondance relative aux travaux de l'une et de l'autre commission.

Je ne puis, Monsieur le comte, que vous remercier de cette communication.

Je viens d'informer de cette disposition MM. les préfets de l'Ain, du Haut et du Bas-Rhin, ainsi que MM. les ingénieurs des Ponts-et-Chaussées qui font partie des deux commissions.

» Signé BECQUEY. »

Les travaux de géodésie et les négociations concernant la démarcation des limites continuèrent avec activité jusqu'en 1826 ; mais le colonel Epailly défendait très-vivement les droits de la France, et la commission badoise, qui aurait préféré un antagoniste plus facile, opposait la force d'inertie. La situation et les dissentiments devinrent tels, que, dans une question importante, le colonel dut prier le gouvernement d'y pourvoir. M. Esmangart, préfet du Bas-Rhin, fut, en conséquence, nommé commissaire du Roi pour ce point spécial, et la commission badoise obtint ce qu'elle demandait. M. le commissaire badois, satisfait de ce résultat, proposa alors à M. Esmangart de conclure le traité de limites ; mais le préfet du Bas-Rhin n'avait pas cette mission ; il la sollicita et l'obtint, avec cette seule réserve qu'il aurait à *consulter le colonel Epailly* sur tous les points à discuter. Au lieu de tenir compte de cette réserve, M. Esmangart poussa le désordre à un tel point, que se bornant aux conseils d'un ingénieur étranger à la démarcation, il traita des intérêts de la France *à l'insu du colonel*. Les questions étaient décidées d'avance, et, lorsqu'on les discutait, pour la forme, dans des conférences auxquelles assistait le colonel, la commission badoise s'y réjouissait d'un spectacle assez doux pour elle, celui de la défaite de son antagoniste après une vive lutte contre le commissaire du Roi.

Le 30 janvier 1827, M. Esmangart, ne prenant conseil

que de lui-même et de l'ingénieur qu'il s'était adjoint, rédigea, sans la participation du colonel, un premier traité de limites entre la France et le grand-duché de Bade.

Ce traité était incomplet, défectueux, inapplicable. Il fut néanmoins ratifié sur la proposition du général Guilleminot.

Chose étrange! on pourrait penser que le colonel Epailly, à la suite de cette affaire, était en disgrâce; et cependant, le 30 octobre de la même année, il fut nommé officier de la Légion d'honneur. Le gouvernement français lui rendait ainsi la justice qui lui était due.

Le grand-duc de Bade, de son côté, le nomma chevalier de l'Ordre du Lion de Zœringhen; il reconnaissait ainsi qu'en combattant les demandes du gouvernement badois, le colonel se conduisait en loyal officier français.

En adressant le traité au ministre des affaires étrangères, le général Guilleminot s'était exprimé ainsi :

« J'ai voulu finir vite, en finissant bien.

» Quoi que l'on fasse, *il ne sera pas possible de faire mieux.* »

La suite prouvera que le général s'était trompé, et que le traité ne valait rien. Pourquoi donc voulut-il terminer aussi vite et aussi prématurément ?

Il avait probablement quelque intérêt à en finir ; peut-être avait-il l'espoir, dès qu'il serait débarrassé de cette affaire, d'acquérir une autre position plus belle, par exemple celles de directeur du dépôt de la guerre, ou d'ambassadeur, qu'il obtint en effet plus tard.

C'était un homme d'action, et un homme de cœur en même temps; il avait été très-brave soldat, mais c'était plutôt un sabreur qu'un grand capitaine. En 1800, il était chef de bataillon, aide-de-camp du général Moreau. En 1815, à Waterloo, il était général, et fut chargé, sous les ordres de Jérôme Bonaparte, ex-roi de Westphalie, d'attaquer et de prendre la ferme ou le château d'Hougoumont, qui était défendu par de fortes murailles et par de nombreux ennemis. Il n'emporta avec lui ni échelles, ni pétards, ni sacs à poudre. Ni lui, ni Jérôme Bonaparte ne pensèrent à demander du canon et des obusiers pour battre les murailles et incendier l'intérieur; aussi la ferme ne put être enlevée, et l'on y perdit beaucoup de temps et un grand nombre d'hommes. C'était un étrange oubli des règles ordinaires de la prudence, ou un excès d'audace et de confiance très-condamnable.

Mais cet épisode sanglant fait bien connaître le caractère de l'homme : audacieux et impatient !

Le général Guilleminot était grand, robuste, aux épaules carrées, à la voix haute et mâle, à l'accent brusque mais bienveillant. Je me souviens de lui avoir été présenté dans son hôtel à Passy, en 1832, par le colonel Epailly, pour lequel il paraissait avoir beaucoup de déférence et d'amitié, quoique n'acceptant pas facilement ses avis.

Le général Guilleminot ne possédait pas la science de l'ingénieur et de la géodésie ; ce fut la cause de ses erreurs en ce qui touche la démarcation des frontières, et ce manque de science joint à son caractère impétueux fut ce qui le porta à signer, en 1827, un premier traité mal fait.

Dès que ce traité fut ratifié, le colonel, bien que l'on eût dissous la commission des limites et dispersé ses officiers, consacra tous ses efforts à en démontrer les fautes et l'insuffisance.

On refusa longtemps de l'écouter.

Il y avait au ministère des affaires étrangères un directeur nommé M. Desages, avec lequel il eut de fréquentes discussions à ce sujet.

Mais des difficultés nombreuses se présentèrent dans l'application du traité, et, en 1833, les deux gouvernements convaincus enfin de l'impossibilité de le mettre à exécution, *se décidèrent à l'abroger !*

Le colonel avait fini par obtenir un triomphe complet !

Ainsi, le fâcheux traité du 30 janvier 1827, fait à la hâte, contre l'avis du colonel, n'eut d'autre résultat que de suspendre et de paralyser pendant cinq ans les opérations de la démarcation.

Il fallut les reprendre au point où on les avait interrompues.

Mais pendant cet intervalle, un grave événement avait eu lieu au point de vue de la carrière du colonel.

Il avait atteint ses soixante ans, et le 14 septembre 1829, bien qu'il eût une santé parfaite et une vigueur peu commune, il fut admis à faire valoir ses droits à la retraite, sur la proposition de M. le comte de Bourmont, ministre de la guerre.

Ce comte de Bourmont était le même qui avait été chef de bandes insurgées en Vendée ; puis avait été fait officier supérieur sous le Consulat ; il avait été employé par Louis XVIII en 1814, et néanmoins s'était prononcé pour Napoléon en 1815.

Par un revirement inexplicable, le 15 juin 1815, trois jours avant la bataille de Waterloo, il avait déserté avec armes et bagages, et passé à l'ennemi avec son état-major. Il se rendit à Charleroi auprès du général prussien Ziéten, après avoir arboré la cocarde blanche. Le général en chef Blücher le reçut fort mal, et dit en allemand à ses officiers : « Qu'importe la cocarde, un coquin est toujours un coquin. »

Ce même homme avait trouvé dans cette conduite indigne un titre aux yeux du roi Charles X, et il était devenu ministre. Comment aurait-il pu aimer le colonel Epailly qui était franc-maçon, et qui avait servi fidèlement la République et l'Empire?

La lettre d'avis du comte de Bourmont était conçue d'une manière à la fois sèche et singulière :

« MINISTÈRE DE LA GUERRE.

» DIRECTION GÉNÉRALE DU PERSONNEL.

« Paris, le 19 septembre 1829.

» A M. EPAILLY (Anatoile-François), lieutenant-
» colonel au corps royal des ingénieurs géo-
» graphes, employé à la démarcation des
» limites de l'Est.

» *Monsieur*, j'ai l'honneur de vous prévenir que par déci-
» sion du 14 septembre 1829, le roi vous a admis à la
» retraite à laquelle vos services vous donnent droit.

» Je donne en conséquence des ordres pour la liquidation
» de votre pension.

» J'ai l'honneur d'être, *Monsieur, avec considération,*
» *votre très-humble et très-obéissant serviteur.*

» Le Ministre Secrétaire d'État de la Guerre.

» Signé : Comte DE BOURMONT. »

Cette lettre, comme on le voit, émanait de la Direction du Personnel, et le dépôt de la Guerre n'avait pas été consulté.

Aussi, le maréchal de camp directeur du Dépôt de la Guerre, s'empressa-t-il d'écrire au colonel, dès le 21 septembre, la lettre bien différente dont suit la teneur :

DÉPOT GÉNÉRAL DE LA GUERRE.

» Paris, le 21 septembre 1829.

» Monsieur le Colonel, c'est avec *plus que des regrets*,
» c'est avec *une peine réelle* que je me vois obligé à vous
» annoncer la part qui vous concerne dans le mouvement
» que vient d'éprouver le corps des ingénieurs géographes :
» cette nécessité n'est adoucie que par le correctif que je
» me trouve heureux de pouvoir y appliquer immédiate-
» ment.

» Par une disposition ministérielle pour laquelle *je n'ai
» point été consulté* et dont l'initiative a été prise par la
» Direction générale du personnel, vous êtes admis à la
» pension de retraite.

» Le bureau des états-majors s'est assuré, avant tout, que
» vos services vous donnent droit au *maximum de la pen-
» sion de colonel.* Mais cette mesure ne privera *pas de vos
» lumières* le corps qui *aurait trop à regretter*, si *vous lui
» deveniez tout à fait étranger*; et le ministre a adopté le
» moyen que je lui ai proposé de vous conserver une *sorte
» d'activité.* Par décision ministérielle du 18 de ce mois,
» vous êtes nommé *inspecteur-surveillant des travaux
» extérieurs de la carte de France*, avec un traitement
» annuel de 3,600 francs. Ce traitement est imputé sur
» les fonds même de l'opération, et *vous le cumulerez* avec
» votre solde de retraite.

» Il m'a été facile de démontrer au ministre combien il
» était important de *vous maintenir en fonctions* sur les
» frontières de l'Est que les opérations de la démarcation
» vous ont si bien fait connaître ; et j'ai vu avec une pleine
» satisfaction que Son Excellence *saisissait avec empresse-
» ment* ce moyen de vous offrir un *dédommagement.*

» L'événement n'influera pas non plus sur *votre position*

» *actuelle*, parce que Son Excellence informe le ministre
» des affaires étrangères des dispositions prises à votre
» égard.

» Je pourrais vous indiquer encore *un motif de résigna-*
» *tion* en vous observant que la mesure qui vous frappe
» sera probablement adoptée pour vos collègues, au fur
» et à mesure qu'ils réuniront la totalité des conditions exi-
» gibles pour le maximum de la retraite du grade supé-
» rieur ; mais je connais trop *votre délicatesse* et *vos*
» *principes* pour croire que vous acceptiez cette fiche de
» consolation, et je compte bien plutôt *sur votre philoso-*
» *phie*.

» Nous sommes tous soumis à l'empire du temps ; mais
» l'on peut envisager sans regrets la fin de sa carrière d'ac-
» tivité lorsqu'on a su la remplir *aussi honorablement* que
» vous.

» Recevez l'assurance de mon attachement.
        » Le Maréchal de Camp,
            » Directeur par intérim du Dépôt général de
        » la Guerre,

                » Signé : DELACHASSE DE VERIGNY. »

Je ne pense pas que jamais aucun officier supérieur ait
reçu, au moment de sa retraite, une lettre plus flatteuse.
Ce n'est pas tout ; le directeur du Dépôt de la Guerre
obtint une ordonnance royale qui conféra au lieutenant-
colonel Epailly le grade effectif de colonel.

MINISTÈRE DE LA GUERRE.

DIRECTION GÉNÉRALE DU PERSONNEL.

Bureau de l'État-Major général.

Le Ministre Secrétaire d'État de la Guerre
» Prévient M. Epailly (Anatoile-François), lieutenant-
» colonel, ingénieur géographe, en retraite,
» Que, par ordonnance du 8 novembre 1829, le Roi lui a
» accordé le grade honorifique de Colonel.
» Il est autorisé à porter, avec l'uniforme des officiers en
» retraite, les marques distinctives de ce grade.
» Le brevet de nomination lui sera incessamment adressé.
» Paris, le 25 novembre 1829.

                          » Signé : Comte DE BOURMONT. »

Le colonel Epailly fut vivement contrarié d'être admis à
la retraite qui, malgré tous ses efforts, fut définitive, et
commença pour lui le 7 mars 1830.

Après la Révolution de Juillet, il crut l'occasion favorable
pour se plaindre de la conduite du comte de Bourmont à son
égard, et le 8 octobre 1830, il demanda au maréchal Gérard,
ministre de la guerre, d'être relevé de la retraite.

Sa demande était ainsi conçue :

  « Monsieur le maréchal,

» Ayant dans ce moment douze officiers sous mes ordres,
» sur lesquels je ne puis exercer aucune autorité militaire,
» J'ai l'honneur de prier Votre Excellence de vouloir bien
» me faire sortir de cette fausse position, en me relevant de
» la retraite, et en me rétablissant dans le grade de *lieute-*
» *nant-colonel* que l'on m'a ôté sans aucun motif qui me
» soit personnel.

» Je ne crois pas m'abuser en pensant que mes services
» sont utiles et qu'ils l'ont toujours été, bien que, comme
» chef d'opération, j'aie fait depuis vingt-sept ans les fonc-
» tions de colonel, sans en avoir obtenu le grade. »

Le maréchal Gérard ne répondit pas ; il se contenta de
faire répondre le 14 décembre 1830 par le lieutenant-général
Saint-Cyr-Nugues, directeur du personnel, que la Commission chargée d'examiner les réclamations des anciens officiers n'avait pas compris le colonel Epailly au nombre de
ceux qui devaient être replacés dans les cadres de l'armée.
En mai 1831, le colonel renouvela sa demande auprès du
du maréchal Soult, duc de Dalmatie, ministre de la guerre.
En 1832, le lieutenant-général comte Guilleminot s'adressa
lui-même au maréchal, dans une lettre dont le colonel avait
fait la minute, et qui était conçue ainsi qu'il suit :

« Votre Excellence aura de la peine à concevoir comment
» un officier qui a été nommé chef de bataillon en 1800, et
» qui a fait vingt campagnes, n'a pu parvenir au grade de
» colonel dans l'espace de vingt-neuf ans Elle ne pourra
» s'empêcher de croire qu'il y a eu injustice et passe-droit
» lorsqu'elle verra que mis en évidence dès son début par
» son instruction et sa capacité, cet officier n'a pas cessé
» pendant tout ce temps d'être employé en chef, qu'il a été
» chargé de travaux importants tels que les cartes de la
» Souabe, du Hanovre et de la Hollande, et qu'il me rem-
» place dans mes fonctions de commissaire du roi pour la
» démarcation des frontières de l'Est.
» Le colonel Epailly est du petit nombre de ceux dont
» les talents, l'expérience et l'assiduité au travail méritent
» qu'on les maintienne en activité *tant que leur santé le*
» *permet*. Cet officier ayant servi longtemps sous mes
» ordres, et mes fonctions diverses m'ayant mis fréquem-

» ment à portée de l'apprécier depuis trente-deux ans, je le
» connais parfaitement. C'est pourquoi; lorsque je prie
» Votre Excellence de le relever de la retraite, j'ai la con-
» viction intime de faire une demande aussi utile au service
» du Roi que conforme à l'équité.

                    « Signé : Comte GUILLEMINOT. »

Tous ces efforts étaient inutiles ; il y a un âge réglemen-
taire qui désigne les hommes à la retraite, et quand elle est
prononcée, il est bien difficile de faire revenir de la décision.

Le maréchal Soult, toutefois, répondit lui-même de la
manière la plus flatteuse pour le colonel Epailly.

                    « Paris, le 31 mars 1832.

» J'ai reçu la lettre du 23 mars par laquelle vous récla-
» mez la réparation des injustices dont vous auriez été l'ob-
» jet *pendant la Restauration*, et vous demandez à être
» réintégré dans votre grade et remis en activité. Je me
» suis fait rendre compte de vos services, et *je me plais à*
» *reconnaître* que votre carrière dans le corps des ingénieurs
» géographes *a été remplie par d'importants et utiles tra-*
» *vaux.*

» Toutefois, je n'ai pu voir dans la mesure qui vous a
» admis à la retraite le 14 septembre 1829 aucun caractère
» d'injustice ni même de rigueur, puisqu'à cette époque
» vous comptiez soixante ans d'âge, *trente-six ans de ser-*
» *vices, dix campagnes de guerre*, et un plus grand nombre
» de *campagnes topographiques.* Ces circonstances vous
» valurent alors la retraite du grade supérieur, et deux
» mois après le titre de colonel honoraire vous fut conféré.
» Votre réintégration dans le *corps d'état-major*, le seul
» dans lequel vos connaissances spéciales pourraient être

» utilisées, serait aujourd'hui impossible, puisque je me
» suis vu dans la nécessité de prendre à l'égard d'officiers
» supérieurs de ce corps, *moins âgés et moins anciens de*
» *service que vous*, la même mesure qui fait le sujet de votre
» réclamation.

» J'éprouve *par conséquent le regret* de ne pouvoir
» accueillir votre demande, et il m'en coûte d'autant plus
» qu'elle est appuyée par M. le lieutenant-général Guillemi-
» not. »

Cette dépêche très-convenable et que l'on doit reconnaître
comme bien motivée, était la clôture définitive de la carrière du colonel au ministère de la guerre.

Bien qu'il fût estropié, le corps plié, les doigts et les
pieds contractés, on pouvait certes le conserver encore en
activité; mais d'une part les circonstances qui firent fondre
le corps des ingénieurs géographes dans celui de l'état-
major, ne furent pas favorables; et d'autre part le ministre
de la guerre avait oublié le colonel, et n'espérait plus
l'utiliser pour son service depuis qu'il était uniquement
chargé d'une grande opération par le ministère des affaires
étrangères. Son avancement avait été rapide de 1798 à
1800; de 1800 à 1819, on l'avait laissé trop longtemps
dans le rang de chef d'escadron, chef d'opérations. Mais
c'était le moment de faire ses preuves.

C'est à partir de 1822 ou 1823, qu'il aurait dû vivement
solliciter de l'avancement; s'il avait été colonel en 1822, il
aurait pu être général en 1826 ou 1827, et il aurait pu dès
lors être conservé en activité après ses soixante ans. Au
lieu de cela, on le nomma officier de la Légion d'honneur
en 1827; c'était encore le cas de solliciter, aussitôt après,
le grade auquel il avait droit par huit ans d'ancienneté. Il

ne le fit point, se confiant à la justice du ministre. Ce fut une faute, et il en fut victime.

Le colonel Epailly cessa ses fonctions d'inspecteur-surveillant des travaux extérieurs de la carte de France vers la fin de l'année 1831, et il n'eût plus à s'occuper que de la démarcation des frontières.

Toutefois, il eut dans le mois de février 1831 une discussion assez grave avec le lieutenant-général Pelet, directeur du Dépôt général de la Guerre. Ce général lui écrivit le 17 février une lettre ainsi conçue :

> « A Monsieur EPAILLY, Colonel retraité, Com-
> » missaire du Roi pour la démarcation des
> » limites de l'Est.

> » Monsieur, ayant à consulter la carte de l'extrême fron-
> » tière de l'Est, entre les Échelles et Bâle, j'ai demandé
> » qu'on me présentât les copies ou les calques des levés
> » entrepris pour la démarcation des limites ; j'ai été *fort*
> » *étonné* d'apprendre que, depuis quinze à seize ans, vous
> » n'aviez rien envoyé, à l'exception du cours du Rhin
> » entre Lauterbourg et Bâle, lithographié et offert au Dépôt
> » général par le gouvernement badois ; cependant, M. le
> » colonel Rousseau a fourni non-seulement ce qui complète
> » la limite du Nord depuis Dunkerque jusqu'au Rhin, mais
> » aussi les calques des portions considérables de territoire
> » qui ont été levées ou reconnues dans l'intérieur.

> » Vous aviez à remplir les mêmes obligations envers le
> » Dépôt général qui a incontestablement le droit de pos-
> » séder dans ses archives les produits des ingénieurs
> » géographes. Je ne sais comment vous pourriez vous
> » justifier de ne les avoir pas remplies au moyen du nom-
> » breux personnel dont vous pouviez disposer.

> » Vous voudrez donc bien me faire parvenir : 1° les

» calques ou copies des levés exécutés pour la démarcation
» de l'Est depuis Bâle jusqu'aux Échelles ; 2° la totalité du
» surplus des même levés depuis Lauterbourg jusqu'au
» Var. »

Cette lettre était dure et digne du général Pelet, qui passait pour un homme de manières soldatesques ; mais en
outre elle contenait des erreurs ; aussi il faut voir quelle
réplique concluante et ferme, quoique respectueuse, il s'attira de la part du colonel :

« Strasbourg, le 24 février 1831.

» Mon Général,

» En conformité des ordres contenus dans la lettre que
vous m'avez fait l'honneur de m'écrire le 17 de ce mois, je
remets aujourd'hui à la poste et à votre adresse un rouleau
contenant des copies sur papier huilé de la carte de la frontière entre la France et la Confédération helvétique. Elles se
rapportent par conséquent aux cantons de Bâle, Soleure,
Berne, Neuchâtel, Vaud et Genève.

» Ces feuilles sont accompagnées d'une carte d'assem-
blage. Les originaux sont revêtus de la signature des commissaires chargés de faire la démarcation et sont annexés
aux procès-verbaux descriptifs de la limite.

» Si je n'avais pas eu toujours pour principe d'exécuter
avec zèle et conscience les ordres reçus ; si j'avais manqué
de discernement dans ce que j'ai fait ; *si quelque ordre était
resté sans exécution*, votre lettre, mon général, m'obligerait
à me faire à moi-même les plus graves reproches. Mais il
n'en est pas ainsi. *La vérité est compagne obligée de la justice*, et en mettant sous vos yeux la première, je suis assuré
d'obtenir la seconde.

» Vous me dites, mon général, que j'aurais dû remplir
les mêmes obligations que M. le colonel Rousseau qui a

fourni des calques de toute la limite du Nord, et en outre de portions considérables de territoire.

» M. Rousseau a, sans doute, agi selon ce que comportait sa position, et je suis convaincu, d'avoir fait de la même façon dans la mienne. Si, comme à la Commission du Nord, les lenteurs des négociations avaient laissé du loisir aux officiers sous mes ordres, j'aurais eu probablement comme lui l'idée de les employer à des levés et à des calques, et dans tous les cas j'aurais profité de son exemple. Mais *ma position était toute différente.* Chez lui tous les moyens ont été dirigés vers la topographie, et chez moi, au contraire, ç'a été le moindre travail.

» Sur le Rhin, *toutes les opérations* ont forcément été faites *par des calculs; on ne peut pas chaîner sur l'eau,* et la chaîne n'est pas, non plus, un bon moyen de résoudre des problèmes de géométrie.

» La démarcation de la frontière du Rhin m'a donc exclusivement occupé depuis douze ans, et pour régler les intérêts des propriétaires sur une longueur de cinquante lieues en opérant sur les valeurs numériques relatives aux 1,500 lignes dont se composait l'ancienne limite et aux 500 qui forment le système de la nouvelle, j'ai été obligé d'employer les quatre officiers qui avaient l'habitude des opérations trigonométriques.

» Vous apercevez déjà, mon général, la différence dont j'ai parlé. Chez M. Rousseau, tous les *résultats sont des dessins ;* chez moi, *ce sont surtout des chiffres.*

» Je n'ai jamais perdu de vue mes devoirs envers le Dépôt de la Guerre, et c'est parce que je les ai remplis que je suis aujourd'hui en état de vous faire un envoi.

» A présent, mon général, je vais vous expliquer comment je ne suis point en arrière avec le Dépôt de la Guerre.

Les feuilles de la Suisse étaient entre mes mains à sa disposition, et j'avais résolu de les joindre aux copies des procès-verbaux que je lui ai fait préparer.

» Je n'ai eu aucune part à la démarcation de la frontière de la Savoie et du Piémont, et les cartes en ont été remises au ministre des affaires étrangères sans qu'elles aient jamais été à ma disposition ; il m'aurait donc été impossible d'en vous faire prendre des copies.

» Je dois ajouter, mon général, que j'ai eu peu d'officiers pour faire des dessins, que le ministre des affaires étrangères m'a autorisé à employer des dessinateurs auxiliaires, et que sans ce supplément de moyens, je n'aurais pas pu vous faire l'envoi d'aujourd'hui.

» Je ne veux pas terminer ma lettre *sans revendiquer le mérite de l'envoi* de la carte du Rhin, lithographiée aux frais de la Commission badoise, aussitôt qu'elle a été achevée ; je m'en suis procuré le premier exemplaire que j'ai envoyé *en mon nom* à M. le directeur du Dépôt de la Guerre le 4 mars 1829. J'espère, mon général, qu'en ayant ainsi rapproché ce qui n'était vu que de loin, j'aurai fait triompher la vérité et que j'aurai détruit dans votre esprit toute impression fâcheuse, et enfin que j'aurai démontré que je n'ai point oublié les intérêts du Dépôt de la Guerre.

» J'ai l'honneur, etc.,

» Le Colonel retraité, Commissaire ordinaire du Roi pour la démarcation des frontières de l'Est de la France. »

Le colonel Épailly avait été nommé encore une fois commissaire ordinaire du roi pour la démarcation des frontières, et pour arriver à un traité convenable.

Les opérations qu'il ordonna dans ce but marchèrent d'abord assez rapidement, et dès le 19 avril 1833, il fut enmesure de rédiger un projet de convention qui fut signé à Carlsruhe, par le général Guilleminot, le colonel Epailly, le ministre de Dusch et le capitaine Scheffel.

Ce projet de convention était ainsi conçu :

« Sa Majesté le Roi des Français

» Et Son Altesse Royale le Grand-Duc de Bade ;

» Animés d'un égal désir de régler d'une manière définitive l'exécution du paragraphe V de l'article 3 du Traité de Paris du 30 mai 1814 et du paragraphe II de l'article 1er du Traité de Paris du 20 novembre 1815, relatifs à la limite de souveraineté entre la France et le grand-duché de Bade, et à la fixation de l'état de propriété des îles du Rhin ;

» Voulant aussi prévenir les difficultés auxquelles les variations continuelles du lit du fleuve et de la position de son thalweg pourraient donner lieu, en ce qui concerne l'exercice des droits de souveraineté et de ceux de propriété ;

» Et convaincus de la nécessité de remplacer par une nouvelle convention celle qui a été conclue dans le même but entre les deux États, le 30 janvier 1827,

» Ont nommé, savoir :

» Sa Majesté le Roi des Français :

» Le sieur Amand-Charles comte de Guilleminot, Pair de France, etc., son Commissaire extraordinaire,

» Et le sieur Anatoile-François Epailly, Colonel, etc., son Commissaire, d'une part ;

» Et Son Altesse Royale le Grand-Duc de Bade :

» Le sieur Alexandre de Dusch, Ministre Résident, etc., son Commissaire,

» Et le sieur Philippe-Jacques Scheffel, Capitaine, Conseiller au Département des Ponts et Chaussés, son Commissaire, d'autre part ;

» Lesquels sont convenus des articles suivants :

ARTICLE 1er. — *Le thalweg du Rhin* qui, d'après les traités de Paris des années 1814 et 1815, forme la limite de souveraineté entre la France et le Grand-Duché de Bade, est la voie la *plus propre à la navigation descendante durant les basses eaux ;* en cas de contestation à l'égard de deux bras du fleuve, celui qui dans le cours de l'axe de son thalweg particulier offrira la sonde la moins profonde, ne sera pas considéré comme le bras du thalweg du fleuve. On nomme axe du thalweg la ligne de son cours qui est déterminé par la suite non interrompue des sondes les plus profondes.

ARTICLE 2. — *Chaque année*, vers le mois d'octobre, époque habituelle des basses eaux, la position *du thalweg sera reconnue* conjointement par deux officiers ingénieurs, l'un français et l'autre badois, assistés chacun d'un maître batelier assermenté. Cette opération aura lieu en présence et avec la participation de fonctionnaires respectivement délégués par les administrations forestières et municipales des deux États.

» Pour *marquer la position du thalweg*, il sera pratiqué dans les lieux jugés les plus convenables, sur le bord des îles boisées entre lesquelles cette position aura été reconnue, *des laies ou tranchées de trois mètres de largeur* sur six de profondeur. Il sera adopté en commun un règlement spécial pour l'exécution de cet article. »

Suivaient dix-sept autres articles, relatifs au procès-verbal de la position du thalweg : aux droits de chasse, de pêche, d'épave et de lavage de l'or ; à la limite des bans ou territoires des communes : à la propriété des alluvions,

des îles et attérissements qui se forment dans le lit du
Rhin; aux digues, barrages et bacs; au procès-verbal du
tracé de la limite des propriétés ou des bans des communes,
et de sa position assurée par des bornes et autres repères;
aux noms des îles de nouvelle formation; à l'entretien et à
la conservation de la limite des propriétés; au droit des
deux gouvernements de faire faire dans les îles et terrains
soumis à leur souveraineté des exploitations de fascines
pour la défense des rives, à asseoir sur les bois de six ans
et au-dessous; au prix du bois ainsi coupé que les gouvernements devront payer aux propriétaires; aux gardes
nommés par les propriétaires des îles et terrains; au régime
des douanes; aux droits de propriété sur les nouveaux
attérissements à dater du jour où la végétation commence;
aux travaux d'endiguement à faire par les deux gouvernements dans un but purement défensif; à une commission
mixte à établir dans ce but, et qui devra se réunir alterna-
tivement à Strasbourg et à Carlsrhue; aux ponts et bacs
existants; à l'établissement de nouveaux ponts ou bacs, et
à la libre navigation.

Ce projet de convention improvisé, pour ainsi dire, par le
colonel Epailly, à la demande du général Guilléminot, qui
était toujours très-pressé, était incomplet; le colonel s'était
réservé de le compléter, notamment par des dispositions
générales de nature législative, au sujet du droit d'alluvion.

Il fut signé à Carlsrhue le 19 avril 1833 par le lieutenant-
général, pair de France, comte Guilleminot; par le colonel
Epailly; par le ministre résident de Dusch; par le capitaine Scheffel, et par M. Roux de Rochelle.

Mais ce projet de convention n'était qu'un acte préparatoire.

Les travaux continuèrent, sous la direction à peu près

exclusive du colonel Epailly, commissaire ordinaire et chef des ingénieurs français.

Le chef des ingénieurs badois, empêché d'abord par les fonctions de directeur général des ponts et chaussées qu'il eut à remplir, puis par la maladie à laquelle il succomba, ne participa, non plus que son successeur, à l'organisation et à la direction des travaux, que pour les procédés que l'un et l'autre regardaient comme susceptibles d'une grande influence sur les intérêts badois.

Cependant, le général Guilleminot, qui résidait à Paris, s'impatientait comme toujours.

Le 6 décembre 1838, le colonel Epailly rédigea et transmit au général un mémoire qui exposait quatorze questions restant encore à résoudre.

Si les opérations ne marchaient pas aussi vite que l'aurait voulu le général, commissaire extraordinaire, ce n'était pas seulement à cause de leur difficulté scientifique, c'était aussi par l'effet d'une tactique habile que la Commission badoise avait adoptée.

Elle cherchait toujours à temporiser, à paralyser les négociations suivies par le colonel Epailly, à impatienter le gouvernement français, et à obtenir ainsi que, pour en finir, on fit meilleur accueil aux prétentions qu'elle émettait dans l'intérêt de son pays.

Cette diplomatie, qui était de bonne guerre, il faut le reconnaître, réussit admirablement, ainsi que nous le verrons bientôt.

Le colonel, toujours pressé par le général Guilleminot et par le ministre des affaires étrangères, se plaignait vivement de n'être pas assez soutenu; il allait même jusqu'à croire qu'il avait des ennemis personnels dans les bureaux du ministère; mais c'était une erreur, et on en trouve la preuve dans la lettre que lui adressa M. Desages, directeur des affaires politiques au ministère des affaires étrangères, sous la date du 29 mars 1839.

Cette lettre est ainsi conçue :

« Permettez moi, colonel, de vous exprimer le regret de vous voir demeurer sous l'empire de préoccupations que je croyais s'être, en grande partie du moins, effacées avec le temps :

» Je n'ai certes nulle idée de prendre en main la défense de M. Esmangart, par exemple, ni de rejeter sur vous la responsabilité de tout ce qui a contribué à entraver la marche de l'opération. Je sais que les *directions ont souvent varié*, qu'elles ont été souvent accusées de *plus d'impatience d'en finir* que d'appréciation exacte des difficultés à vaincre.

» Je sais tout cela ; je n'ai jamais hésité à en convenir ; et c'est ce qui m'a toujours porté à déplorer que, dès l'origine ou même seulement depuis 1832, on n'eût pas confié à quelques personnes réunies en *comité permanent* et possédant *les connaissances spéciales requises en pareille matière*, le soin de correspondre avec la commission des limites et *de la diriger*.

» Je dirai plus : si je n'avais pas la confiance que nous touchons réellement, cette fois, aux termes des travaux de cette commission, je provoquerais immédiatement *la création du comité dirigeant* dont je parlais tout à l'heure.

» Mais en reconnaissant ainsi, colonel, ce qui peut être attribué à l'inexpérience des bureaux dans certains cas et sur certains points de la question (inexpérience dont je prends la responsabilité pleine et entière), je repousse à votre égard l'idée de mauvais vouloir, d'intention perfide (car c'est ainsi que vous commentez les dispositions restrictives de 1832),

6

je repousse, dis-je, de telles accusations ou de tels reproches, parce que jamais *rien n'a été moins fondé.*

» Vous n'avez jamais voulu tenir compte, colonel, que
de vos propres difficultés, sans vous arrêter à celles qui
résultaient, tantôt *des exigences des Chambres, tantôt de
l'impatience publique, peu réfléchie* peut-être, mais *presque
irrésistible* ; tantôt enfin de l'incompatibilité de caractère et
d'habitude d'esprit qui, sans qu'on dût s'en étonner, ni s'en
prendre à personne en particulier, *se manifeste fréquemment* (comme cela se voit presque toujours dans les affaires
compliquées et confiées à plusieurs agents), entre ceux qui
à un titre ou à un autre, sont appelés à concourir à l'opération. »

Certes, cette lettre est un modèle de document diplomatique ; mais elle donne en grande partie raison aux
plaintes du colonel, et elle découvre le mot de l'énigme en
parlant de *l'impatience peu réfléchie des chambres* et de
l'opinion publique.

Nous avons vu que la commission badoise cherchait à
impatienter par sa force d'inertie, le commissaire extraordinaire français.

En effet, au mois d'août 1839, le général comte Guilleminot, qui n'était pas venu sur les bords du Rhin depuis
l'année 1833, arriva inopinément à Strasbourg, porteur
d'une décision ministérielle qu'il avait provoquée, et en
vertu de laquelle il ordonna au colonel Epailly de lui fournir, *dans le délai de deux mois,* un projet de traité définitif,
duquel seraient exclus, quels qu'ils fussent, tous les travaux qui n'éatient point achevés.

Voici comment le colonel s'expliquait en 1847, dans un
mémoire, au sujet de cet ordre, et de la réponse qu'il y
fit :

« Fidèle au devoir et à l'honneur, le commissaire ordinaire, après avoir fait en vain au général les plus vives représentations sur les conséquences d'un aussi déplorable abus de pouvoir, refusa de concourir à ce qui était, à ses yeux, une prévarication. Convaincu de l'inutilité de ses efforts, il se vit obligé d'opposer la force d'inertie. Les travaux dont l'achèvement lui était interdit, *et qui sont encore à terminer*, constituaient l'accomplissement des devoirs de sa mission, le résultat définitif et permanent de la démarcation, le seul moyen d'en atteindre le but.

» *D'une part*, ces travaux se composent de l'élément essentiel du titre que les gouvernements sont obligés de faire délivrer à chacun des *cent soixante-quatorze riverains*, de la *description géométrique, de la figure et de la position de la parcelle qui lui est échue* dans le nouveau partage de la surface abstraite du Rhin.

» L'autre partie de ces travaux comprend les *dispositions générales de nature législative* que la co-existence de deux limites politiques dans le milieu du fleuve, prescrit d'insérer au traité des limites, pour assurer à tous les propriétaires d'îles, la possession intégrale de leurs droits.

» Ces dispositions doivent suppléer à l'insuffisance *généralement* reconnue *des lois* sur la propriété des attérissements, et à la *différence de ces lois* dans les deux États. Elles doivent, de plus, régler l'exercice de la dérogation au droit commun, pour la propriété des attérissements formés sur les lignes de limites. Le commissaire extraordinaire persista dans sa résolution, malgré toutes les représentations. »

Le colonel Epailly, par devoir, crut devoir refuser nettement son concours.

Le général Guilleminot, qui avait sans doute prévu ce refus, chargea alors le commandant d'état-major Immeline et le capitaine d'état-major Martener de rédiger le projet de traité définitif dans le délai déjà fixé de deux mois.

Ces officiers acceptèrent cette mission, dont le colonel essaya en vain de leur démontrer les difficultés et l'impossibilité. Dans le délai convenu, le 20 août 1839, le capitaine Martener dressa, à Bade, avec le major badois Scheffel, le tableau des surfaces échangées pour opérer la rectification de la limite des propriétés dans le lit du Rhin.

Ce travail fut fait d'après les calculs-minutes des deux commissions.

Ces deux officiers terminèrent à la même date le *registre des coordonnées,* le *tableau géométrique* de la LIMITE FIXE dans le Rhin, et la *carte de la limite,* divisée en trois parties.

Ils arrêtèrent aussi *l'état des ventes* faites indûment par le gouvernement français, de terrains qui devaient être remis à des communes badoises.

Les officiers Immeline, Martener, de concert avec les officiers badois Scheffel et Rheiner, terminèrent à la même date le *procès-verbal historique et descriptif* des opérations de la démarcation de la *limite des propriétés* ou des bans des communes.

Après avoir arrêté ces six annexes, *au moyen des travaux du colonel,* ils rédigèrent enfin un projet de convention définitive, calqué en grande partie, et sauf quelques retranchements, sur celui du 19 avril 1833, pour régler les limites entre les deux États.

Le général Guilleminot adressa ce travail au ministre des affaires étrangères le 20 août 1839, en le soumettant à son approbation; le ministre le fit examiner dans ses bureaux et le soumit à son tour au jugement de plusieurs publicistes et des divers ministères intéressés dans la question.

Cet examen dura longtemps, car le ministre ne fit connaître son approbation qu'au mois de mars 1840, c'est-à-dire sept mois après l'envoi du général Guilleminot. Toutefois le colonel Epailly ne put obtenir la faculté d'être entendu, et ce fut un tort; on aurait dû l'entendre, sauf à ne pas suivre ses avis. En vain fit-il plusieurs mémoires au ministre des affaires étrangères, pour démontrer que les travaux n'étaient pas terminés, que lui seul pouvait les finir et rédiger ensuite un traité complet; on n'en tint aucun compte, et cependant on imagina, pour se mettre à l'abri, un moyen ingénieux; les publicistes consultés, et les divers ministères, avaient donné un avis généralement favorable au projet de traité, quoique suivant le colonel, ils n'eussent dû résoudre que la question de légalité; mais on crut devoir faire davantage : le général Guilleminot fit réunir dans les préfectures des deux départements du Rhin, les membres du parquet et tous les fonctionnaires qui pouvaient être un jour dans la nécessité d'appliquer le traité; après leur avoir fait donner lecture du projet, il leur demanda s'ils y avaient aperçu des défauts! Ceux-ci ayant répondu que non, il leur proposa de le constater sur un procès-verbal.

Évidemment, il y eut là une omission :

On aurait dû appeler le colonel à ces réunions.

Mais on craignait sans doute la force des objections qu'il aurait présentées, et l'on se garda bien de le convoquer. Les fonctionnaires, qui ne pouvaient pas ignorer le refus de concours du colonel commissaire ordinaire, après avoir manifesté quelque hésitation, signèrent enfin le procès-verbal; mais il est évident qu'une simple lecture n'avait pas été suffisante pour leur donner le moyen d'adopter un avis réfléchi.

Quoi qu'il en soit, la manœuvre imaginée par le général

Guilleminot (qui fui en cela bon tacticien), réussit à merveille, et il put revenir à Paris avec les apparences du triomphe.

Le colonel Epailly était vaincu !

Il est juste toutefois de remarquer que s'il succomba dans cette lutte impossible, où il apporta peut-être trop de vivacité et de persistance, il ne combattit que dans l'intérêt public, dans l'intérêt du ministère des affaires étrangères, à qui il voulait éviter la faute d'un traité tronqué, et dans celui des propriétaires des îles du Rhin.

Le 30 septembre 1839, le colonel avait cessé ses fonctions officielles de commissaire ordinaire du roi pour la démarcation des frontières. A dater de ce jour, il rentrait dans la vie privée.

Le 14 mars 1840, au moment où il allait signer le traité, but de tous ses efforts, le général comte Guilleminot mourut.

C'était vraiment jouer de malheur.

Depuis vingt-quatre ans, il était commissaire extraordinaire; il voulut, contre l'avis du colonel Epailly, brusquer la clôture des opérations; et cependant il ne put, pas plus que le colonel, mettre sa signature au bas du traité !

Il s'agissait de remplacer le général Guilleminot. Son successeur fut Louis-Adolphe-Aimé Fourier *de Bacourt*, officier de la Légion d'honneur, chevalier de l'ordre royal de Charles III d'Espagne, commandeur de l'ordre royal de la Conception de Portugal, ministre plénipotentiaire près les États Unis d'Amérique; il fut nommé le 17 mars.

Le 5 avril 1840, le traité fut signé à Carlsruhe par M. de Bacourt, d'une part, et pour le grand duché de Bade, par Frédéric-Charles Landolin, baron de Blittersdorff, ministre d'État de la maison Grand-Ducale et des affaires étrangères de Son Altesse royale le Grand-Duc, grand croix de l'ordre

du Lion de Zœringhen, de l'ordre impérial de Léopold
d'Autriche, de l'ordre royal de la Couronne de Bavière, des
ordres du Lion-d'Or de Hesse Électorale et de Hesse Grand-
Ducale.

Le même jour les deux commissaires extraordinaires
signèrent les six annexes du traité.

Le texte de la convention ou du traité commençait ainsi :

« Article premier.

La démarcation entre la France et le grand duché de
Bade se compose de deux limites : l'une destinée, sauf les
exceptions stipulées au présent traité, à séparer les droits
de souveraineté des deux pays, et déterminée par le thalweg
du Rhin ; l'autre ayant pour objet, suivant les dispositions
ci-après, de séparer les droits de propriété sur les îles et
atterrissements du Rhin, et formée d'une série de lignes
continues et invariables de position. »

Les articles deux, trois et suivants, reproduisaient presque
exactement les articles premier, deux et suivants, de la
convention du 19 avril 1833, que nous avons cités plus haut.
Toutefois, il y avait deux retranchements assez notables,
opérés sur le projet de 1833, aux articles six et seize dudit
projet :

L'article 6 était ainsi conçu :

« La propriété des alluvions et celles des îles et atterrissements qui se forment dans le lit du Rhin appartiennent aux
propriétaires des îles et atterrissements d'une formation
antérieure qui en sont les plus rapprochés, s'il n'y a titre
contraire. Toutefois, l'exercice de ce droit ne peut pas
s'étendre plus loin que la limite du ban. Les parties d'atterrissements qui la dépasseraient appartiennent aux propriétaires
du bois de l'autre commune.

Puis venait le dernier alinéa :

« Cette restriction s'applique également aux droits de propriété qui seraient fixés par *une ancienne limite de bans.* »

C'est ce dernier alinéa que les nouveaux rédacteurs du traité supprimèrent. Dans l'opinion du colonel, cet alinéa consacrait en faveur des 174 parcelles correspondant aux 174 riverains le droit exclusif aux atterrissements ; base du nouvel état de propriété constitué par ces parcelles, cette prérogative conservatrice ne pouvait s'exercer qu'à l'aide de la description géographique de chacune d'elles. Les nouveaux rédacteurs ayant accepté la mission d'éluder l'obligation de cete description, adoptèrent comme moyen la radiation de l'alinéa.

Quant à l'article 16 du projet de 1833, il fut supprimé en entier dans la convention du 5 avril 1840.

Cet article était ainsi conçu :

« Les droits de propriété qui sont exprimés dans les articles 5 et 6 de la présente convention ne s'exercent à l'égard de chaque partie *des nouveaux atterrissements* qu'à compter de l'époque où la végétation y a commencé ; jusque là ces atterrissements font encore partie du lit du fleuve. »

Le colonel Epailly, qui avait rédigé cet article, ne le considérait que comme une pierre d'attente du travail difficile auquel il devait se livrer ultérieurement sur le droit d'alluvion ; il pensait qu'il y avait nécessité d'insérer dans le traité diverses dispositions sur ce droit compliqué.

Cette nécessité lui paraissait résulter :

1º De l'insuffisance du Code civil pour le cas général du droit commun ; 2º de la dérogation à ce droit par le principe des limites continues ; 3º de la simultanéité des deux limites.

L'insuffisance du Code civil et le besoin d'une loi complémentaire avaient, du reste, été signalés en février 1838 par plusieurs orateurs de la Chambre des Députés dans une discussion sur la propriété des alluvions artificielles.

Pour convaincre les commissaires extraordinaires de la nécessité de poser des principes sur l'exercice modifié du droit d'alluvion, le colonel leur avait communiqué : 1° un travail préparatoire ; 2° un mémoire où il avait posé treize questions qui peuvent s'élever sur l'exercice de ce droit ; 3° l'ouvrage de M. Chardon, Président du Tribunal d'Auxerre, intitulé : « Traité du Droit d'alluvion. »

Ce dernier ouvrage avait eu pour but de faire jouir les riverains de tous les cours d'eau des avantages du système des limites continues, tel qu'il était appliqué dans le Rhin, dont la surface, disait l'auteur, est partagée comme s'il n'y avait pas d'eau.

Mais les nouveaux rédacteurs du Traité, après avoir reçu ces documents de la part des commissaires extraordinaires et après avoir demandé quelques éclaircissements au colonel qui les avait donnés avec empressement, avaient fini par supprimer l'article 16 du Projet de 1833, comme présentant la nécessité d'un trop grand travail et de trop grandes difficultés à résoudre.

Telle était la convention du 5 avril 1840 ; elle ne contenait que des généralités.

Le procès-verbal historique et descriptif, la première et la plus importante des annexes, était destiné principalement à la stipulation des droits individuels ; il aurait fallu y désigner pour chaque parcelle, son propriétaire ; dire si elle était acquise comme exceptée de la restitution, comme adjugée par suite de négociations sur litige ou sur indivision, ou simplement comme échangée dans le but de simplifier la limite. On devait en outre y décrire la figure de chaque parcelle, et rattacher sa situation aux nombreux repaires établis dans ce but par les opérations géodésiques, comme l'un des moyens dont le concours était nécessaire pour préserver la propriété d'une invasion légale.

Les nouveaux rédacteurs ne crurent pas devoir entrer dans cette voie; leur procès-verbal, quoique très-bien fait, ne fût qu'une narration de faits historiques.

Ils crurent aussi, dans la même voie d'idées, retrancher du nombre des annexes, 40 feuilles de cartes manuscrites à grande échel'e, et 367 autres dessins relatifs aux droits de propriété.

Le 6 mai 1840 eut lieu la ratification du traité, par le roi Louis-Philippe : L'acte était ainsi conçu :

« Louis-Philippe, roi des Français, à tous ceux qui ces présentes lettres verront, salut.

» Une convention ayant été signée à Carlsrhue, le 5 avril 1840, entre nous et notre très-cher et très-amé bon frère le grand duc de Bade, pour fixer d'une manière définitive la limite de souveraineté entre la France et le grand duché de Bade, et régler l'état de propriété des îles du Rhin.

» Ladite convention accompagnée de six annexes dont la description suit :

» 1° Procès-verbal historique et descriptif, etc.

» 2° Protocole pour l'exécution, etc.

» 3° Tableau des surfaces échangées, etc.

» 4° Un registre des coordonnées, etc., contenant 50 pages.

» 5° Un registre de 241 pages contenant le tableau géométrique de la limite fixe, etc.

» 6° Une carte de la limite, divisée en 3 parties de laquelle la convention la teneur suit :

Fiat insertio.

» Nous, ayant vu et examiné ladite convention et les six annexes ci-dessus décrits et censés insérés ici de mot à mot, et en ayant trouvé *la teneur conforme à nôtre volonté* en toutes et chacune des dispositions qui y sont contenues, déclarons en conséquence, tant pour nous que pour nos héritiers et successeurs, que ladite convention et ses annexes *sont approuvés, ratifiés et confirmés*, et par ces présentes signées de notre main, nous *approuvons, acceptons, ratifions et confirmons.*

» Promettant, en *foi et parole de Roi*, de les observer et de les faire observer irrévocablement sans jamais y contrevenir ni permettre qu'il y soit contrevenu directement ni indirectement, pour quelque cause et sous quelque prétexte que ce soit.

» En foi de quoi nous avons fait mettre notre sceau à ces présentes.

» Donné en notre palais des Tuileries, le sixième jour de mai de l'an de grâce mil huit cent quarante.

Signé : LOUIS-PHILIPPE.

» Par le Roi :

» Le ministre secrétaire d'État, au département des affaires étrangères, président du conseil des Ministres,

» Signé : A. THIERS. »

Le 28 avril 1840, la ratification du grand duc de Bade, avait eu lieu dans les mêmes termes :

« Léopold, par la grâce de Dieu, grand duc de Bade et duc de Zœhringen.

» Une convention ayant été signée à Carlsruhe, le 5 avril 1840, entre nous et notre très-cher et très-vénéré bon frère le roi des Français, pour fixer, etc. »

» En foi de quoi nous avons signé les présentes et y avons fait mettre notre sceau d'État.

» Donné à Carlsrhue, le vingt-huitième jour du mois d'avril, l'an de grâce mil huit cent quarante, de notre règne le onzième.

> Signé : LÉOPOLD.

> Par le grand duc :

> Signé : le baron de BLITTERSDORFF. »

Pour terminer, le procès-verbal d'échange des ratifications fut rédigé ainsi qu'il suit, le 14 mai 1840 :

Les soussignés s'étant réunis pour procéder à l'échange des ratifications de Sa Majesté le roi des Français, et de Son Altesse Royale le grand duc de Bade, sur la convention de limite entre la France et le grand duché de Bade, conclue à Carlsrhue, le 5 avril de la présente année ; les instruments de ces ratifications ont été produits, et ayant été trouvés, après collation, en bonne et due forme, l'échange en a été opérée.

En foi de quoi, les soussignés ont dressé le présent procès-verbal, qu'ils ont signé en double expédition et revêtu de leurs cachets.

Fait à Carlsrhue, aujourd'hui, le 14 mai 1840.

Signé : Ernest BRESSON (ministre plénipotentiaire).

Signé : le baron de BLITTERSDORFF.

Tout était consommé !

Le général Guilleminot, le commandant Immeline, le capitaine Martener, le ministre plénipotentiaire de Bacourt, le baron ministre d'Etat de Blittersdorff, le major Scheffer, le géomètre en chef Rheiner, le ministre des affaires étrangères Thiers, le grand duc Léopold et le roi Louis-Philippe, avaient approuvé ce traité, contre lequel, seul, le colonel Epailly protestait.

C'était lui qui avait organisé, dirigé, ordonné ou exécuté tous les travaux, et son nom ne figurait pas au traité.

Mais il ne trouvait pas le travail complet, et rien ne pouvait faire fléchir ou céder l'opinion ferme et convaincue qu'il avait adoptée.

Il ne se tint pas encore pour battu, et ses dernières années furent employées à faire des mémoires au Ministre des affaires étrangères contre le traité du 5 avril 1840.

Les deux mémoires les plus importants furent datés, l'un de 1845, l'autre du 1er avril 1847.

Celui de 1845 commençait par ces mots :

« Le traité relatif à la frontière du Rhin, en date du 5 avril 1840, est tellement défectueux qu'il est démontré avec l'évidence mathématique que le but en est manqué. »

Celui du 1er avril 1847 n'était pas moins énergique.

On y lit cette phrase :

« La convention de 1840 ne renferme rien de conforme aux devoirs de la mission qui ne soit l'œuvre du commissaire ordinaire du Roi, et tout ce qui en est la violation est le fait des rédacteurs. »

On remarque avec peine, dans ce dernier mémoire, qui fut autographié et tiré à plusieurs exemplaires, des expressions violentes, exagérées, qui dépassent le but, et nuisent au succès; ainsi on y parle de compilations, de plagiaires, de faux, d'aberration, de prévarication, de négociation clandestine, d'étourderie, de compilation altérée, de fausses doctrines, de langage vicieux, ambigu, absurde, insidieux, captieux, de leurre, de piége tendu à la bonne foi, de sophismes, d'oubli du devoir, d'erreurs grossières, d'ignorance, d'absurdités, de contradictions, d'abus de pouvoir, et enfin de captation!

Mais à ce moment le colonel avait soixante-dix-huit ans. Son esprit était affaibli, son intelligence n'avait plus la netteté de ses premières années. Il ne pouvait plus supporter la contradiction et entrait dans de violentes colères sans motif sérieux. Le traité du 5 avril 1849 était devenu pour lui un cauchemar perpétuel. Il parlait à tout le monde des injustices dont il avait été victime, de l'ignorance et du mauvais vouloir du préfet Esmangart, et du général Guilleminot; il allait jusqu'à accuser les bureaux du ministère des affaires étrangères de corruption. Il ne discutait plus, il ne raisonnait plus; il criait, discutait et s'emportait. Son amour-propre avait été violemment froissé de voir le traité signé par d'autres que par lui; il en était furieux.

Cependant, il ne cessait de travailler; il avait foi dans le succès de ses idées, et croyait fermement que le traité serait un jour complété.

En 1850, à l'âge de quatre-vingt-un ans, il rédigea une brochure intitulée : Recherche d'une théorie sur le droit d'alluvion.

Cette brochure, qu'il fit autographier, fut envoyée par lui au Ministre des affaires étrangères et remise par moi-même au secrétaire général du conseil d'État.

Ce fut là son dernier effort.

A partir de ce moment, son esprit épuisé se reposa ou s'occupa de chimères dont je parlerai plus loin.

Il ne s'occupa plus de travaux sérieux.

Nous avons vu la carrière militaire et diplomatique du colonel. Voyons maintenant quels avaient été ses travaux scientifiques :

Il découvrit diverses méthodes nouvelles pour la topographie, et il inventa ou perfectionna plusieurs instruments de géodésie.

Voici la liste des principaux travaux, inventions ou perfectionnements, dont la science et le dépôt de la guerre lui sont redevables.

Il inventa :

1º Le Triangle de réflexion pour les reconnaissances militaires.

2º Le Sextant graphique (en 1802).

3º Un Tableau synoptique donnant, à vue et sans calcul, les Conversions de degrés en grades, et vice versâ.

4º Une figure linéaire donnant, à vue et sans compas, la Réduction numérique des angles au centre de la station.

5º Une figure analogue pour les réductions à l'horizon.

6º Des figures donnant graphiquement en nombres, la hauteur et la pente des montagnes.

Il perfectionna :

1º Le Pantographe.

2º Le Compas de réduction.

3º L'Alidade à niveau.

4• Le Moyen de tracer les courbes calculées par points pour la projection des cartes.

Il fit un travail remarquable sur la réduction des échelles de la plus grande partie des cartes générales et particulières du théâtre de la guerre, de 1798 à 1803, afin d'opérer une réduction de ces cartes, d'après une mesure uniforme déterminée par des calculs.

Il modifia et perfectionna le mode de projection des cartes qui fut adopté par le dépôt de la guerre, sur le rapport d'une commission dont il était membre, avec l'illustre Lacroix (de l'Académie des sciences).

Il fit adopter au dépôt de la guerre les dimensions métriques des feuilles de dessin et de gravure des cartes.

Il coopéra aux travaux de la Société de géographie dont il était membre.

Il rédigea la première instruction complète qui ait été imprimée pour les calculs géodésiques.

Il composa un mémoire sur de nouveaux procédés de triangulation qui fut l'objet d'un rapport de M. Puissant.

Il leva ou fit lever et graver les cartes de la Souabe (en 16 feuilles), du Hanovre, des pays anglo-allemands, de la Hollande.

Il travailla à la description générale de la France, à la carte des chasses, à la carte des environs de Paris.

Il leva ou fit lever la carte de la frontière entre la France et la confédération helvétique se rapportant aux cantons de Bâle, Soleure, Berne, Neuchâtel, Vaud et Genève.

Il leva ou fit lever et graver la carte du Rhin et des territoires avoisinants, et des îles du Rhin, sur une surface de 36,000 hectares et une longueur de 22 myriamètres.

Il fit tracer les deux limites de souveraineté et de propriété qui existent dans le lit du Rhin entre la France et le grand duché de Bade.

Il composa un Atlas général détaillé de l'Allemagne.

Le colonel, termina sa carrière scientifique en composant et faisant autographier un traité sur le droit d'alluvion. Depuis lors, il rentra complétement dans la vie privée.

Jetons donc un regard sur cette vie privée, et remontons jusqu'à sa jeunesse :

———

Nous l'avons vu partant pour l'armée du Rhin, en 1798 ; il était alors âgé de vingt-neuf ans et célibataire. Mais bientôt il songea à se marier ; ses vues se portèrent sur une demoiselle de Salins qu'il connaissait depuis longtemps, qu'il aimait, avec laquelle il était en correspondance, et qui se nommait Charlotte-Éléonore Chavelet. Il s'agissait d'obtenir le consentement du père, qui possédait une certaine fortune. La demande fut faite, mais le père Chavelet, sans refuser positivement, fit beaucoup d'objections fondées sur les fonctions du demandeur, sur son éloignement, sur les absences et les voyages auxquels il pouvait être forcé. C'était en mai 1802, et le commandant Epailly, qui était alors employé au dépôt de la guerre, écrivit à ce sujet une lettre très-curieuse, à ce père si défiant. Voici cette lettre :

« Paris, 16 floréal an X (mai 1802).

Monsieur,

» J'apprends par mon papa le résultat de la démarche qu'il vient de faire auprès de vous ; à présent, c'est à moi à vous faire le tableau de ma position. Je sens combien il est pénible d'avoir à parler de soi ; mais il est dans le cours de la vie quelques-unes de ces circonstances rares où le devoir nous force à nous écarter des règles de notre conduite ; lorsque j'ai pensé à m'établir, j'avais bien mûrement réfléchi sur les moyens de pourvoir aux nouvelles dépenses qui en sont la suite.

» Admis, par la confiance du général Moreau, à avoir, non pas de nom, mais d'effet, la direction de tout le travail géographique qui était fait dans le courant des dernières campagnes, j'ai lieu de me persuader que cet avantage n'a jamais été regardé que comme le prix des qualités qui m'en rendent digne. Dans ce moment, j'ai sous mes ordres directs 7 officiers et 8 dessinateurs salariés par le gouvernement, indépendamment de quatre autres qui le sont par le général Moreau, et dont je dirige de fait les opérations (total 19).

Notre corps est composé de 102 officiers dont 3 chefs de brigade, 6 chefs de bataillon et le reste de grades inférieurs. J'ai l'avantage d'être du nombre des 6 chefs de bataillon, et par les marques de confiance que prouve l'adoption de plusieurs de mes projets relativement à la description générale de la France, et les témoignages de satisfaction que m'a souvent donnés le général notre directeur, sur les vues que j'ai proposées, les instruments que j'ai imaginés, j'ai lieu de croire que je ne suis pas le plus mal noté des six.

» Mes appointements sont, par an,

Traitement fixe,	4,000 fr.
Indemnité de fourrage,	920
Indemnité de logement,	720
	5,640 fr.

» Si j'étais envoyé en campagne, j'aurais, si je restais chef de section, une indemnité de 1,800 fr. par an, et, si j'avais le grade supérieur dont j'ai, depuis deux ans, rempli les fonctions, l'indemnité serait, par an, de 3,000 fr.

» Mon emploi ne peut pas être regardé comme une place de bureau, qui n'exige que la seule habitude des affaires, et où

on voit paraître de nouvelles créatures à chaque changement de ministre. Il faut, pour le remplir, des études préli-
minaires, longues et difficiles, dont l'application régulière
exige de l'expérience et une grande habitude du travail. On
n'a pas d'exemple, dans notre partie, que des officiers qui
se sont fait connaître par différents travaux utiles, et qui
possèdent à fond leur état, aient jamais eu à se plaindre de
réformes arbitraires; je crois pouvoir être pleinement ras-
suré sur ce point.

» Plusieurs ingénieurs géographes sont employés au
dépôt général de la guerre, ou près des ministres. J'ai lieu
d'espérer qu'après que j'aurai encore fait quelques campagnes au dehors, j'obtiendrai aisément d'être employé à poste
fixe à Paris, d'autant mieux que je vois une foule de sujets
relatifs à la théorie de mon état qui n'ont pas encore été
traités et auxquels je me propose de me livrer.

» Ce qui favoriserait encore puissamment mes projets
serait la réussite d'une entreprise encore naissante.

» Il n'y a pas d'Atlas général détaillé de l'Allemagne.

» Nous nous sommes associés un amateur de cartes qui,
depuis longtemps, avait fait la spéculation, David de Saint-
Claude, qui a des capitaux disponibles pour les avances.
l'aide de camp Guilleminot et moi, pour faire un Atlas d'Allemagne en 81 feuilles.

» Un ouvrage moins complet, sous tous les rapports, a
trouvé, seulement parmi les Anglais, plus de 2,000 souscripteurs à 200 fr.. Notre ouvrage aurait une étendue au
moins double. Si nous avons seulement 1,500 souscripteurs
ou acheteurs à 300 fr., le produit sera de 450,000 fr., et les
frais à avancer ne s'élèveront pas au delà de 100,000 fr.
(bénéfice; 350,000 fr. à partager).

» Je suis chargé de l'exécution du travail; les calculs

préparatoires en sont déjà très-avancés, et j'ai reçu de David les premiers fonds pour commencer.

» Vous voyez, Monsieur, que ma position a pu me faire penser à m'établir, et que je puis, autant que les choses humaines peuvent le permettre, regarder comme assurés mes moyens d'existence.

Si vous pensez, Monsieur, que celui qui (ayant reçu pour principal héritage un grand amour du travail), a déjà été récompensé de ses efforts, et qui joint à un caractère aimant et sensible une conduite régulière, puisse aspirer à la main de Mademoiselle Éléonore, je dépose ce vœu entre vos mains comme l'expression de tous mes désirs, le but de toutes mes pensées. »

On voit par cette lettre que le commandant Epailly se reconnaissait à lui-même un caractère aimant et sensible, et en effet, dans toute sa vie il donna des preuves d'une grande bonté; par malheur, lorsque l'âge vint affaiblir ses facultés, cette bonté devint faiblesse et se trompa en s'adressant à des personnes indignes.

Quoiqu'il en soit, le père Chavelet ne se montra pas sensible à une lettre si bien motivée; il ajourna indéfiniment sa réponse et, lorsqu'en mars 1803 (14 germinal an XI), il se décida à dire oui, le commandant, blessé d'un tel retard, avait changé d'idée, et ne voulut plus se marier.

La pauvre Charlotte-Éléonore fut au désespoir; en vain la mère du commandant écrivit-elle à son fils une lettre pour le faire revenir de sa décision :

« J'ai remarqué, disait-elle, que Charlotte a de la vertu, un bon caractère, bon cœur, assez d'esprit et de fermeté pour conduire un ménage et des enfants; qu'elle est laborieuse, ne donnant point dans le vide de la parure et du monde, qu'elle a beaucoup de soumission aux volontés de son père. Le *grand nombre des femmes 'sont artificieuses* et jouent souvent le rôle de vertueuse quand elles voient que c'est nécessaire pour se procurer un établissement; nous voyons arriver souvent l'effet que produisent de tels mariages, et un homme de travail comme toi est moins sur ses gardes qu'un autre (qui ne s'occupe qu'à prendre des précautions), et, par conséquent, moins difficile à tromper.

» Je ne suis que l'interprète des larmes de Charlotte; la manière dont elle a parlé de sa résignation m'a édifié, et j'ai vu là beaucoup de sentiment et de caractère, ce qui me fait voir encore ce qu'elle serait capable de supporter dans un état de peine et sujet à tant d'événements, tels que le mariage! Charlotte me regardait déjà comme sa mère, elle rendra reversible sur moi toute l'amitié qu'elle avait pour toi; il n'en fallait pas tant pour me l'attacher. Tu parles de bonheur ailleurs que dans la fortune; cela est vrai. Mais quand l'un et l'autre se rencontrent, c'est très-rare, et c'est ce qui m'avait fait désirer la réussite de la chose. Quoique tu me dises que tu n'es pas d'un caractère à revenir, ce à quoi tu n'es pas obligé, je laisse ces réflexions à ton jugement. »

Certes, cette lettre ne manquait pas de finesse; c'était un habile plaidoyer. Mais le commandant fut inflexible, et en vérité, un père qui n'avait pas su l'apprécier, n'était guère digne de l'avoir pour gendre.

Cette tentative avortée parut dégoûter le commandant Epailly du mariage. Pourtant, au mois de janvier 1816, il eut encore quelque velléité. Sa sœur lui écrivait, à Paris, dans ces termes :

« Dôle, le 14 janvier,

» Mon cher frère,

» Deux raisons m'ont empêché de m'entretenir plutôt avec vous : la première, c'est le passage des Autrichiens, qui a eu lieu jusqu'au 3 janvier. La position où vous vous trouvez me fait redoubler mes prières pour que la personne qui aura le bonheur d'unir son sort au vôtre (et qu'il paraît que le ciel vous destine), possède toutes les vertus et les qualités nécessaires pour rendre un mari heureux autant que vous le méritez. »

Ce projet ne réussit pas plus que le premier et, peu de temps après, le commandant partit pour Bâle.

Il y était encore lorsqu'il apprit la naissance de l'un de ses neveux, né à Valence, le 17 juillet. Il en fut le parrain, mais ne put venir pour le baptême où il fut représenté par son beau-frère Aimé Bérenger, officier de marine. Il écrivit à ce sujet à la marraine, Mme Chabert, une lettre qui peut donner une idée de son style et de son éducation littéraire. Voici cette lettre :

« Bâle, 6 août 1816.

» Madame,

» Je viens d'apprendre avec le plus grand plaisir l'heureux accouchement de ma belle-sœur ; c'est un de ces événements qui semblent doubler l'affection. L'idée des douleurs qu'a éprouvées la mère, les dangers qu'elle a pu courir, le sexe, l'état de l'enfant, tout inspire le plus grand intérêt.

» Il m'eût été bien agréable, Madame, d'avoir l'honneur de vous accompagner à la cérémonie du baptême. J'aurais eu l'occasion de vous entretenir de mes sentiments pour votre nièce, de l'estime que je porte à toute sa famille. Je vous aurais prié d'entourer le berceau de notre filleul de toute la sollicitude que je sens pour lui, d'acquitter pendant son enfance la dette que nous venions de contracter en commun. Cela, du reste, n'aurait servi qu'à vous témoigner tout mon attachement pour la mère, car elle a, par elle-même, assez de droits à l'amitié de tous ses parents. J'ai l'espoir fondé que mes occupations me rapprocheront un jour de Valence. Puissent mes vœux en avancer l'époque.

» Je mets au nombre des précieux avantages qu'elle me promet, celui d'être particulièrement connu de vous, et de vous offrir, ainsi qu'à Monsieur votre mari, l'hommage du respect avec lequel j'ai l'honneur d'être, Madame, votre très-humble et très-obéissant serviteur. »

En août 1818, le commandant se rendit à Dôle où se réunissait toute sa famille, pour assister à la fête de la cinquantaine de son père et de sa mère; il avait, à cette époque surtout, l'esprit de famille au plus haut point. Ce qui le distinguait, c'était une grande bonté; ce sentiment se manifesta d'abord pour ses vieux parents, dont il chercha à embellir les vieux jours, en leur procurant le confortable qui leur manquait. Sa bonté se porta ensuite avec éclat sur son jeune frère, Claude-Joseph Epailly, né en 1790, qu'il fit venir à Paris, au lycée Louis-le-Grand, en 1805, et qu'il fit entrer à l'école normale en 1811; plus tard, il lui donna les moyens de faire son cours de droit à Paris et de se faire recevoir avocat en 1819.

Le 1er avril 1818, ce frère bien aimé, alors âgé de vingt-sept ans, en lui envoyant sa thèse pour la licence en droit, qu'il lui avait dédiée, lui écrivait en ces termes :

« Mon cher frère,

» Voilà enfin mon éducation terminée; c'est à vous que je la dois. Je ne pouvais donc manquer de saisir l'occasion qui se présente de vous témoigner ma reconnaissance avec quelque publicité. Je vous entends néanmoins me faire un

reproche : celui de n'avoir pas dédié ma thèse à nos chers
parents ; mais eux-mêmes me défendront contre vous; ils
diront qu'en vous nommant, et vous nommant seul, je me
suis en quelque sorte rendu l'interprète de toute la famille. »

Et, chose remarquable, à cette époque, le commandant
Épailly n'avait cependant qu'un traitement bien modeste: il
ne devint lieutenant-colonel qu'en 1819, comme nous l'a-
vons vu.

En 1822, il n'avait plus ni son père, ni sa mère, ni ce
frère chéri, Claude Joseph, dont il avait fait l'éducation.

La mort avait tout emporté. A dater de ce moment, ce
qu'il avait d'aimant et de bon dans le caractère se reporta
sur le frère qui lui restait, et qui était ingénieur des ponts
et chaussées. Ce frère, éminemment laborieux, suivait sa
carrière modestement, sans obtenir la récompense de ses
travaux.

Il ne devint ingénieur en chef, ainsi que nous le verrons
plus loin, dans les pages qui seront consacrées à sa biographie, qu'à l'époque où le colonel Épailly fut mis à la retraite,
c'est-à-dire en 1830.

Mais le colonel, bien que retraité, n'aida pas moins l'ingénieur en chef à élever sa famille; il contribua successivement aux frais d'éducation de ses trois neveux, dont
l'aîné fut placé dans une école préparatoire à l'école polytechnique, puis à l'école centrale des arts et manufactures;
le second fut admis, grâce aux subsides du colonel, dans le
célèbre collège de Louis-le-Grand, à Paris, et le troisième
profita du même secours pour faire son droit à Paris.

Le colonel aimait beaucoup ses trois neveux (et l'aîné
surtout eut part à ses largesses); il était cependant brusque
et dur en paroles avec eux; mais c'était un effet de son caractère et l'on pouvait l'appeler le bourru bienfaisant; il ai-

mait à dominer et ne supportait pas la contradiction. Souvent, il entrait, sans motif sérieux, dans de violentes
colères ; mais il oubliait vite son mécontentement et n'avait
pas de rancune.

Le colonel Epailly était un savant; comme tous les sa-
vants, il aimait beaucoup le travail, et manifestait une
grande originalité.

Toutes les sciences lui étaient connues, mais il excellait
dans les mathématiques, la géométrie, la trigonométrie, la
topographie. Il affectionnait aussi spécialement la botanique
et l'astronomie. Sur la fin de sa vie, il aimait à donner gratuitement des leçons de botanique à de jeunes demoiselles ;
souvent, il se levait avant le jour pour observer avec un
télescope Jupiter ou Mercure.

C'était un homme vigoureux de caractère; il était doué
d'une grande énergie, d'un esprit entier, très-ferme, et
même souvent entêté. Porté de bonne heure à des emplois
qui le forçaient à donner la direction aux autres, il aimait à
commander et peu à obéir; pendant la durée de ses fonctions, et surtout à partir de sa mission diplomatique sur le
Rhin, il faisait ouvertement de l'opposition à ses chefs,
quand il croyait être dans son droit. Son amour-propre
était immense; il avait foi en lui-même, et lorsqu'il s'agissait de ses idées bien mûries, en ce qui touchait les travaux
de sa spécialité, il devenait indomptable.

Cette disposition d'esprit, cette tendance à résister à l'autorité et à critiquer les actes ou l'incapacité de chefs par-
venus par l'intrigue, lui fut souvent nuisible. On craignait
de le voir arriver à une position qui lui donnerait trop de
pouvoir, et qui lui fournirait trop d'occasions de démasquer
les fripons et les intrigants. C'est par ce motif qu'il resta si

longtemps dans les grades de chef d'escadron et de lieutenant-colonel. S'il avait eu plus de souplesse de caractère,
plus de calme, plus d'esprit diplomatique, il aurait mieux
servi ses intérêts personnels; et avec sa science profonde,
son courage intrépide, son ardeur au travail, sa fermeté in-
ébranlable, il serait devenu général et même peut-être maréchal de France.

Tel était l'avis de ses camarades, et j'ai entendu notamment exprimer cet avis par l'ingénieur en chef Mossère, son
ancien camarade de l'école polytechnique.

Mais il est difficile de refaire son caractère et de réformer
son tempérament; j'ai reconnu moi-même cette vérité en
rencontrant, dans ma carrière, les mêmes obstacles et des
adversaires semblables. Si les circonstances n'ont pas été
suffisamment favorables, si l'on a été primé et écarté par
des nullités, si l'on a rencontré des chefs ou des jaloux
pleins de morgue, d'égoïsme, d'immoralité et d'insolence,
il faut se consoler d'avoir été leur victime, en songeant
que, du moins, on ne s'est jamais courbé devant eux, et
qu'on a gardé, avec l'estime de sa conscience, une suprême
dignité de caractère et un *incomparable dédain pour ses
ennemis.*

Le colonel n'était pas parvenu à conquérir cette consolation ineffable du dédain; il était trop vif et trop emporté
pour cela; c'était une conséquence de son tempérament.

Au physique, en effet, il était solide, fort, d'une grande
et forte stature, d'une santé vigoureuse; des yeux verts, un
regard d'aigle, un nez aquilin, un front vaste et chauve de
bonne heure, donnaient à sa physionomie un air ferme et
décidé.

Il était leste et bien fait de corps, jusqu'à l'époque où la
maladie rhumatismale qu'il contracta en Allemagne et dont

il souffrit gravement en Hollande, vint lui plier le corps sur le côté, et lui estropier une main.

Mais depuis cette époque, doué d'un appétit merveilleux, il parcourut une période de cinquante années sans être jamais malade : on croyait qu'il deviendrait centenaire, car à quatre-vingts ans, il était aussi vif et aussi gai qu'un jeune homme.

En effet, lorsqu'il n'était pas préoccupé de ses affaires et de ses discussions avec des généraux ou avec des ministres, il avait une gaieté fort aimable; il aimait à plaisanter et à rire, le verre en main, devant une bonne table, entouré d'amis.

Ses opinions politiques étaient celles que l'on pouvait attendre d'un homme qui avait été fait chef d'escadron par l'Empereur Napoléon Ier; il était partisan d'un pouvoir fort et vigoureux, et n'admettait pas, du moins, dans ses dernières années, que l'on dût tenir grand compte des idées de liberté. Du reste, il n'avait guère eu le temps d'étudier les questions politiques, et les bases sur lesquelles doivent être édifiés l'organisation et le gouvernement des sociétés modernes.

Cependant, son amour d'un gouvernement militaire n'allait pas jusqu'à lui faire regretter l'ancien régime, et ne lui faisait pas renier la grande loi du progrès; ainsi, il n'admettait pas l'influence du clergé dans les conseils du gouvernement.

Aussi, ses idées philosophiques et de tolérance universelle, l'avaient-elles conduit à se faire recevoir dans la grande Société de la franc-maçonnerie.

A quelle époque fût-il reçu maçon? Je l'ignore.

Rien, dans les papiers laissés par le colonel, ne donne cette date précise, mais ce dût être en 1801 ou en 1802, pendant qu'il était employé au dépôt de la guerre. En 1810, il avait déjà obtenu les trois premiers grades de la franc-maçonnerie, savoir : Apprenti, compagnon et maître, et d'autres grades encore; car le 1ᵉʳ octobre 1810, il fut réélu par la respectable loge des Cœurs-Unis de Paris (à laquelle il appartenait), en qualité d'orateur, et de député (avec le cordon aurore), au Grand-Orient de Paris.

En 1811, il fut nommé par le chapitre des Cœurs-Unis, *Souverain prince Rose-Cro·x.*

Enfin, le 4 décembre 1816, il prêta obligation comme officier expert au suprême conseil du Grand-Orient de France.

Ainsi, le colonel fut un des grands dignitaires de la franc-maçonnerie française. Il n'avait plus au-dessus de lui que les dignités de Président de chambre et de souverain Grand-Maître.

Examinons ce que c'est que cette société contre laquelle encore dernièrement, la Papauté a lancé ses foudres et qui fut souvent accusée de saper à la fois le Trône et l'Autel :

Le grammairien Boiste dit, dans son dictionnaire, « que la franc-maçonnerie est une espèce d'affiliation prétendue cabalistique, qui n'a de but qu'une union fraternelle, une égalité parfaite entre ses membres, et des secours mutuels dans toutes les circonstances de la vie, sans aucune action politique. »

Lorsque j'ai appris, par l'examen des papiers du colonel Épailly, qu'il avait été franc-maçon et même dignitaire dans cette Société, j'ai voulu savoir exactement ce que c'était que la franc-maçonnerie, et si je trouverais quelque intérêt sérieux à succéder à mon oncle dans cet ordre de fonctions. Dans ce but, je suis allé voir, dans la rue Saint-Antoine, M Cauchois, vénérable de la loge des Cœurs-

Unis, le fils de l'un de ceux qui avaient signé le diplôme de Rose-Croix du colonel. Cet honorable franc-maçon, qui est avocat et propriétaire d'une belle maison où il habite, m'a répondu très-franchement dans les termes suivants :

Vous ne pouvez, m'a-t-il dit, comme héritier du colonel, lui succéder dans ses grades; il faudrait commencer par être apprenti maçon, puis compagnon, maître, etc. Quant au but de la franc-maçonnerie; il est très simple : Ce but consiste, pour les sociétaires admis, à s'éclairer mutuellement, et à s'améliorer moralement; la franc-maçonnerie tend à réunir tous les hommes dans une seule et même croyance, à les affranchir des préjugés politiques et religieux, dans le sein de la morale universelle. Il est faux qu'elle cherche à saper l'autel et surtout le trône. Si nous portions ombrage à la couronne, le gouvernement nous dissoudrait; nos règlements interdisent, du reste, toute discussion polique ou religieuse dans nos réunions. Cependant la franc-maçonnerie est jusqu'à un certain point, une institution religieuse, en ce sens qu'elle exige des initiés, qu'ils fassent profession de croire à l'existence de Dieu et à l'immortalité de l'âme; hors de là, et ne s'attachant qu'aux lois de la morale universelle, elle admet des hommes de toutes les religions. Quant aux signes abrégés et aux formules que nous employons, de même qu'aux formalités et aux épreuves qu'on fait subir aux initiés, il ne faut y voir que des excitants pour la curiosité. C'est un moyen d'exercer un certain attrait sur les imaginations qui aiment l'apparence du secret et du merveilleux. La franc-maçonnerie ne réussit peut-être pas beaucoup à atteindre le but qu'elle se propose dans l'intérêt de l'humanité, mais enfin, elle en a du moins l'intention; elle fait ce qu'elle peut, et pourra plus tard perfectionner son action. »

Le colonel ne parlait jamais de la franc maçonnerie; il

avait l'air de cacher la dignité qu'il y occupait ; il ne fit initier ni ses frères, ni ses neveux. Pourquoi ? est-ce donc que sur la fin de sa vie, il n'y attachait plus d'importance ? Ce qui est certain, c'est que d'après les explications ci-dessus du vénérable de la loge des Cœurs-Unis, sa participation à cette société célèbre était bien inoffensive et ne présentait qu'un caractère louable et philantropique.

En serait-il de même du Carbonarisme ? ceci est une autre question. Le Carbonarisme était une société secrète d'un ordre beaucoup plus inquiétant pour les gouvernements et pour le clergé ! Boiste, dans son dictionnaire, s'exprime ainsi :

« *Carbonari*, membre d'une société secrète d'Italie, devenue européenne, conjurée contre le pouvoir absolu, contre le pouvoir légitime, contre tous les pouvoirs sociaux. » Aussi je m'étonnerais beaucoup que le colonel Epailly eût fait partie de cette dernière secte, exclusivement politique ; et cependant, pour rendre hommage à la vérité, je dois dire que j'ai trouvé dans ses papiers un lettre de convocation, datée de 1810, et émanée du *Grand Chantier de France régulièrement constitué en chantier général sous les auspices de la nature.*

Je donne à la fin de ce livre le texte de cette singulière convocation, ainsi que des documents provenant de la franc-maçonnerie, avec la traduction, en langage ordinaire, des formules abrégées.

Quant à la convocation émanée du *Grand Chantier*, elle appelait le destinataire à une réunion siégeant rue des Grès-Saint-Jacques, enclos des ci-devant Jacobins ; on devait y dîner, y prêcher, y faire de la musique, et, ce qui semble devoir écarter toute idée de conspiration, c'est que les dames y étaient invitées, et devaient y venir en robe blanche !

Serait-ce par hasard la présence de ces dames qui avait

attiré là le colonel Epailly? En vérité, ce ne serait pas impossible, car affectant la plus grande austérité de mœurs, ne parlant que de travail et jamais de plaisir, il aimait en réalité beaucoup les femmes.

Souvent brusque, bourru, et intraitable avec les hommes, il était, avec les femmes, d'une galanterie extrême; il les comblait de présents.

Lui qui était généralement très-bon, et trop bon même quelquefois, envers ceux qui lui exposaient leurs malheurs et qui faisaient appel à sa bourse, pouvait-il rester froid et insensible devant le beau sexe? Non. Seulement, il avait le tort de ne vouloir jamais convenir de ses faiblesses ou de ses entraînements. Il voulait paraître stoïque et sage jusqu'à un point difficile à croire. C'était un travers; il faut savoir convenir de ses défauts, surtout lorsqu'ils sont excusables et dictés par la nature. Resté célibataire, il ne pouvait cependant s'être fait un cœur de pierre, et la fin de sa vie ne le prouve que trop. Quand on veut trop dissimuler, il arrive fatalement un moment ou toute la vérité éclate. Et pourquoi tant de soins à vouloir cacher un faible si généralement partagé?

Aimer les femmes, c'est éprouver un sentiment que presque tous les grands hommes ont connu : Alexandre, Jules César, Louis XIV, Henri IV et Napoléon Ier n'ont-ils pas largement payé tribut à l'amour? François Ier le vaillant, Charles-Quint le grand politique, Mirabeau, Dumouriez, le maréchal de Saxe, et tant d'autres, n'ont-ils pas eu de nombreuses maîtresses? et cela a-t-il diminué leur gloire?

« — Napoléon Ier, dit dans ses mémoires Mlle Avrillion, première femme de chambre de l'impératrice Joséphine, aimait beaucoup les femmes sans leur laisser prendre empire sur son esprit; il regardait l'amour comme un délassement; pour lui plaire, il fallait être très-jeune et très-jolie, mais l'objet de son culte de la veille n'était plus rien pour lui le lendemain; une seule lui inspira un attachement plus durable : c'est Mme Waleska, dont il eut un fils. »

Léopold II (Pierre-Joseph), empereur d'Autriche en 1790, avait été grand-duc de Toscane depuis l'âge de dix-huit ans jusqu'à celui de quarante-trois ans; il fonda de nombreux hôpitaux, adoucit les lois criminelles, diminua la rigueur des peines, rendit le sort des prisonniers très-acceptable, et cet adoucissement dans la répression eut une action si salutaire sur les mœurs publiques que les crimes devinrent beaucoup plus rares; la peine de mort fut pour ainsi dire abolie, car dans une espace de dix ans le sang ne coula pas une seule fois sur l'échafaud. Il admettait dans son palais le pauvre comme le riche et donnait trois jours de la semaine aux malheureux; il abolit, en devançant la Révolution française de 1789, les corvées et les juridictions seigneuriales; enfin, il essaya d'extirper la mendicité.

C'était donc un prince modèle, et cependant cet homme si sage, si remarquable et si bon, aima les femmes avec excès.

« Ses attachements, dit M. de Lamartine dans son Histoire des Girondins, étaient multipliés et fugitifs, et il poussait la passion jusqu'à un véritable délire. » Il mourut à quarante-quatre ans, après vingt-quatre heures seulement de maladie, et comme s'il avait été empoisonné; mais l'histoire a constaté qu'il s'était pour ainsi dire empoisonné lui-même, en mangeant habituellement des bonbons excitants dans un but qu'il est superflu d'indiquer plus nettement.

Certes, il est malheureux d'avoir de telles passions.

Dans l'humanité, tout ce qui dépasse la mesure est profondément regrettable; mais la philogynie est cependant préférable aux goûts qui sont en désaccord avec les lois naturelles de la vie.

La philogynie, cause de tant de malheurs, de tant de troubles, de tant de désespoirs, est la base indispensable du développement de la population et de la grandeur des nations. Elle est la voie unique et nécessaire, imposée par la nature et par la Providence, pour la conservation et la perpétuité de l'espèce humaine. Malheur aux peuples chez lesquels la philogynie s'affaiblit ou n'existe presque plus ! C'est pour eux le signal de la décadence et d'une ruine inévitable et prochaine.

Le colonel Epailly était trop sage, trop savant, trop philosophe, trop profondément honnête, pour méconnaître les principes de la modération et des convenances.

Chez lui, jamais d'abus, jamais d'excès, jamais de scandale, et aussi, grâce à son système, il passa jusqu'à soixante ans et plus, auprès des membres de sa famille, pour un homme inaccessible, comme Newton, aux tendresses du cœur et aux faiblesses amoureuses; on le croyait amoureux seulement de la science. Quelques amis intimes étaient seuls au courant de certaines entrevues secrètes et de petites intrigues nocturnes. L'un d'eux prétendait l'avoir vu la nuit, au sortir d'un bal, enveloppé de son manteau, se rendre sous le balcon d'une belle, dans une ruelle écartée, et pénétrer, muni de cadeaux et de bonbons, dans la chambrette où il était attendu; mais tout ceci était bien discret et bien caché. Toutefois en vieillissant, on aurait dit que sa conversation devenait plus libre et moins austère ; il abordait les sujets égrillards; il semblait que n'ayant pas eu de jeunesse, il avait des velléités de devenir libertin dans ses vieux jours. Mais cela n'était qu'un jeu. Ce qui était plus grave, c'est que lorsqu'il eut passé soixante-dix ans, on s'aperçut qu'à sa vieille gouvernante, Mme veuve Straub, il avait adjoint, dans son intérieur, une jeune fille, et cette nouvelle arrivée, qui n'était autre que la fille de la gouvernante, prit sur lui peu à peu un empire excessif.

Il avait toujours aimé la société des femmes, et dans le monde les dames l'aimaient beaucoup. On le taquinait souvent, en lui prêchant le mariage; il répondait toujours en riant qu'il avait vu un trop grand nombre de ses amis malheureux en ménage, trompés et *trahis par leurs femmes*. ou accablés de chagrin par la conduite de leurs enfants. Dans le fond, il avait encore un autre motif, c'est qu'il aimait l'indépendance et qu'il n'aurait jamais pu, surtout dans son âge mûr, se plier aux caprices impérieux d'un être féminin vivant, sur un pied d'égalité, dans son intimité.

Mais en devenant vieux, il montra que ses facultés intellectuelles faiblissaient. Dès lors une femme put prendre sur lui une grande influence, et le conduire comme un enfant.

Ainsi, le colonel n'allait plus dans le monde pour faire sa partie d'échec; il n'allait plus au café, pour faire sa partie de billard. Caroline Straub l'absorbait tout entier. Il sortait avec elle dans les rues de Strasbourg, allait avec elle dans les jardins publics, dans les cafés, dans les promenades; il voyageait avec elle; il allait aux Eaux, il venait à Paris, et toujours avec elle.

Lui qui n'allait jamais au bal, presque jamais au théâtre, elle parvint à le conduire dans un bal masqué au théâtre de Strasbourg; il l'accompagnait partout, suivant tous ses caprices les plus extravagants; elle le dominait, et tenait à faire voir à tout le monde qu'il était son esclave docile.

Le scandale était grand; les uns disaient qu'elle était sa maîtresse; les autres, moins hostiles, disaient que c'était sa fille. En vain, ses amis, sa sœur, ses neveux lui firent-ils des observations; il n'écoutait rien, et ne voulait pas même croire aux avertissements de la police qui lui représentaient cette jeune fille et sa mère comme des personnes capables de tout faire en mal, et dont il devait se séparer.

Caroline Straub profitait largement de son pouvoir. Elle faisait faire au colonel des dépenses énormes, et se faisait donner les plus riches présents. En quelques années le colonel, qui avait amassé une assez jolie fortune, dissipa presque tout en prodigalités et en largesses envers la jeune fille. Il la présenta à Paris chez deux ou trois de ses amis, en disant qu'il avait pour elle une affection paternelle. Un jour enfin, il la maria avec un de ses anciens employés nommé Guillaume Pfitzenger, et à cette occasion il lui donna, paraît-il, une somme de dix mille francs, représentée par une part dans une manufacture de calicot. Il continuait du reste à voyager avec elle, et quelquefois le mari était du voyage; les dépenses pour lui augmentaient sans cesse, car il payait tout, et sans regret.

Caroline usait et abusait de son influence absolue sur le vieillard; elle lui fit acheter un jour une maison pour sa mère, et quand il eut quatre-vingt-cinq ans, elle le força à venir habiter dans cette maison; il devint le locataire de Mme Straub et de sa fille. Ses neveux ne pouvaient presque plus le voir; Caroline, dans un but facile à deviner, avait excité le vieillard contre eux; elle le tenait, pour ainsi dire, prisonnier et dans sa dépendance absolue. Il paraissait, du reste, heureux de cet esclavage, et comme il était presque dans l'enfance, il n'avait plus la force nécessaire pour juger sainement sa situation.

Caroline Straub était-elle sa fille ? c'est une question qui reste encore à résoudre.

Le colonel n'a laissé aucun écrit et n'a jamais dit un seul mot à l'appui de l'affirmative.

Interpellé par moi à cet égard, il a nié très-énergiquement.

Elle n'avait reçu presque aucune éducation ; elle savait seulement lire et écrire, et quand elle lui écrivait, elle l'appelait : « Mon cher bienfaiteur. »

Et pourtant, le colonel aimait tellement sa société qu'il en avait fait son secrétaire ; il lui dictait ses nombreux mémoires adressés au Ministre des affaires étrangères, et il s'exposait à voir attaquer sa réputation d'homme austère ; et il faisait ressembler la fin de sa vie à un roman de Balzac.

Si elle était sa fille et s'il ne voulait pas l'avouer de crainte de reconnaître qu'il avait eu, un jour, à soixante ans, une faiblesse bien excusable, il faut convenir qu'il a été cruellement puni de son système de dissimulation en cette matière, car cette crainte le plaçant continuellement dans une fausse position, empoisonna d'amertume ses derniers jours.

Ce qui est incontestable et officiel, c'est que Caroline Straub, d'après l'état civil de la ville de Strasbourg, est fille du sieur Straub, cordonnier, et de la dame Straub.

Cette femme, quoique mariée, avait-elle un ou plusieurs amants ? le colonel a-t-il été l'un de ces amants ? et par suite a-t-il contribué frauduleusement à la naissance de Caroline ?

Voilà tout un ordre de questions parfaitement insolubles.

Lorsqu'une femme est mariée, et qu'elle est infidèle à son mari, à quel titre pourrait-elle attribuer son enfant à l'un ou à l'autre de ses amants plutôt qu'à son mari? L'enfant n'appartient qu'au mari.

Caroline Straub cependant prétend encore aujourd'hui, pour justifier sans doute l'origine de sa fortune, que le colonel, sinon aux yeux de la loi du moins à ceux de la nature, était son père ; elle va jusqu'à invoquer je ne sais quelle ressemblance physique qui n'apparaît nullement à un observateur impartial. Singulière prétention de la part d'une femme, de vouloir à toute force accuser sa mère d'adultère, et de se poser comme fille bâtarde et adultérine, sans en pouvoir fournir aucune espèce de preuve !

Ce qu'on peut admettre comme la vérité, c'est que la femme du cordonnier, ayant manqué à son devoir de femme mariée en faveur du colonel, a eu l'habileté de lui faire croire, au bout de plusieurs années, que sa fille provenait de lui. A soixante ans, il ne l'aurait pas cru peut-être ; à soixante-dix ans, il commença à douter, et à quatre-vingts ans il dut finir par le croire tout à fait.

La femme Straub eut la bonne fortune de trouver dans sa fille une complice plus adroite et plus intrigante qu'elle-même, et qui sut parfaitement l'aider à atteindre le but convoité, c'est-à-dire l'accaparement complet de la fortune du colonel.

On le voit, la fin de la vie du colonel Epailly pourrait être intitulée : Histoire d'une captation. Je reviendrai sur ce point en racontant plus loin les réclamations que je fis après sa mort.

Le colonel, avant d'être tombé complétement sous la domination de Caroline Straub, eut avec moi une correspondance assez suivie que j'ai conservée, et qui peut donner une idée exacte de ses pensées et de son style.

Ainsi en mars 1845, il m'écrivait de Strasbourg la lettre ci-après :

« Mon cher Alexandre,

» Je n'ai pas manqué de satisfaire au désir de M. Lambert en recommandant M. Peudefer au général Trézel.

» Voici le passage que contient sa réponse datée de Nantes :

« Je viens de prendre des informations sur M. Peudefer,
» lieutenant au 5e léger. Elles lui sont toutes favorables,
» et je me ferai un plaisir de seconder l'intérêt que vous lui
» portez. »

» Tu sais sans doute que j'ai fait nommer sous-lieutenant, il y a quarante ans, celui qui parle ainsi en faveur de l'ami de M. Lambert, et qui m'en témoigne sa reconnaissance dans toutes les occasions.

» Je crois, comme toi, que le dictionnaire de Boiste te sera fort utile; moi-même, j'y ai souvent recours. Il faut que je te fasse remarquer une faute que tu commets habituellement : c'est de ne pas indiquer l'alinéa par la position de la première ligne à l'égard de la marge. Tu feras bien aussi de lire dans le supplément, l'article : *Lettres majuscules.* Tu y verras qu'il en faut toujours une au commencement d'une phrase après le point qui est un signe trop petit pour être suffisant.

» Ces règles ont été établies, comme la ponctuation et les accents, pour faciliter l'intelligence du texte. Ceux qui les méconnaissent, disent que ce sont des minuties. Mais quand on veut être correct, précis, et facilement lu et compris, on ne les dédaigne pas. Tu verras aussi dans Boiste, à l'article *ponctuation,* qu'une virgule suffit pour changer le sens d'une phrase.

» Je t'engage fortement à t'occuper, non-seulement de ce que je viens de dire, qui ne demande qu'un peu d'attention, mais de tout ce qui se rapporte à l'usage de l'instrument que je t'ai envoyé (une boussole), c'est-à-dire au levé et au dessin des plans. J'irais volontiers passer une huitaine à Vagney pour faire avec toi un essai dans une forêt, pendant l'été prochain.

L'étude de la botanique est aussi une occupation fort agréable pour un forestier.

» Mande-moi s'il y a quelque chose de nouveau à l'égard de la personne que je n'ai pas besoin de nommer, si elle a suivi ton conseil.

» Ecris-moi bientôt; je t'embrasse de tout mon cœur. »

On voit combien à cette époque le colonel avait d'affection pour sa famille. Il était venu me voir trois mois auparavant, au milieu des montagnes des Vosges; il s'intéressait à un projet de mariage que j'avais formé dans ce pays, et me demandait des nouvelles de la jeune personne qui, appartenant à une famille très-peu distinguée mais enrichie depuis peu, éprouvait dans la personne de son père (homme aux allures grossières) une résistance violente à une solution qu'elle désirait ardemment.

Le colonel avait alors soixante-quinze ans; il n'était plus en fonctions depuis six ans, et il avait tellement envie de travailler encore, qu'il m'offrait de venir avec moi lever le plan d'une forêt!

Quelle ardeur et quelle bonté! mais je me gardai bien d'accepter cette offre, toute gracieuse qu'elle était.

En mai 1848, il écrivait à sa nièce, à Paris :

« J'ai souvent pensé à la coïncidence de votre arrivée à Paris avec l'époque des agitations et des troubles qui contrastent tristement avec le repos et la tranquillité que vous aviez cru trouver dans la capitale; mais vous aurez bientôt appris qu'à Paris ceux qui restent chez eux dans les moments de trouble, n'en souffrent que par l'inquiétude qui est réservée à tous les amis de l'ordre. »

Le 23 janvier 1850, il m'écrivait encore de Strasbourg :

« Le froid de cette nuit me fait craindre pour quelques pommes de terre des Vosges, d'une qualité supérieure, que j'ai mises dans le panier à bois qui m'a paru préférable pour emballer les objets que je viens d'adresser à ta mère.

» Comme je m'amuse volontiers à des expériences instructives, si je recevais des pommes de terre gelées, j'essaierais de les faire revenir à l'état normal en les mettant d'abord dans la neige, puis dans de l'eau très-froide, et ainsi *gradatim*.

» Ce procédé est usité en Russie où, lorsqu'en voyage on rencontre quelqu'un dont le nez devient blanc parce qu'il gèle, on l'en avertit, et on commence par le frictionner avec de la neige. La gradation est nécessaire pour les animaux et les végétaux.

» Les changements de préfet dans le Haut et dans le Bas-Rhin me font espérer du succès, et cela me fait travailler d'arrache-pied à plaider ma cause. »

Cette cause que le colonel plaidait encore à quatre-vingts ans, c'était celle de l'abrogation du traité de limites du 5 avril 1840 ; et il espérait encore ! et il travaillait *d'arrache-pied!*

On reconnaîtra qu'il fallait qu'il eût une foi bien robuste dans l'utilité de ses critiques, et un zèle rare pour les intérêts de l'Etat.

Le 21 mars 1850, à propos d'un projet de voyage que je devais faire pour me rencontrer avec lui à Salins, il m'écrivait ces mots :

« J'imagine que les absences de ce genre ne peuvent pas avoir de l'influence sur la continuation de ton emploi au

Ministère. C'est une chose à laquelle tu as sans doute déjà pensé. »

Ainsi, il s'intéressait à cette époque encore avec bonté à ma position administrative, et à mon avenir.

En juin 1851, il vint encore une fois dans les Vosges assister à une fête industrielle, à l'inauguration d'un canal et d'une roue dans une fabrique importante où j'étais intéressé; et il m'écrivait à ce sujet au mois de juillet :

« Je te remercie *bien affectueusement* de l'envoi que tu as fait à ma sœur, de la relation des événements de Vagney; j'ai lu *avec un grand intérêt* ta relation qui est bien rédigée, ainsi que les divers discours. »

Le 17 août 1851, il m'écrivait encore de Salins :

« J'ai résolu de me rendre à Paris dans le double but de tes intérêts et des miens. Allant à Paris en 1795 avec ton père pour l'Ecole polytechnique, je fis la connaissance d'une famille du Jura dont le chef (M. Masuyer), a été professeur à la faculté de médecine de Strasbourg.

De cette famille il ne reste que trois sœurs que j'ai connues et qui sont retirées aux environs de Lons-le-Saunier. La seconde (Mlle Valérie Masuyer), a été dame d'honneur de la reine Hortense, et connaît beaucoup son fils, ainsi que le docteur Conneau qui a partagé sa détention à Ham.

« J'irai jeudi faire visite à ces dames, et je prierai Mlle Valérie de me rendre porteur d'une recommandation pour le prince, ou pour son docteur logé à l'Elysée. »

Le colonel voulait être recommandé pour arriver au succès de ses démarches contre le traité du 5 avril 1840; mais il n'obtint rien. Mlle Valérie n'osait recommander personne, disait-elle, et le docteur Conneau ne voulait s'occuper que de ses fonctions.

C'est en vain qu'il alla voir les dames Masuyer, ainsi qu'il le raconte dans une lettre du 26 août 1851 :

« Parti de Salins dimanche, 24, à six heures du matin, pour me rendre à l'Etoile, campagne habitée par les trois demoiselles Masuyer, j'ai été de retour hier à une heure. Arrivé auprès de ces dames, j'y ai trouvé une nombreuse société. J'avais heureusement pris la précaution de rédiger une note dans laquelle j'avais exposé les motifs qui t'ont fait désirer des fonctions dans les Vosges, celles que tu remplis à Paris, *ta réception par le Prince-Président sur la présentation du général Roguet*; la promesse que le prince t'a faite. »

Vaines démarches! vaines promesses! Tout cela ne conduisit à rien. On n'écoutait plus le vieux colonel dont on n'avait plus besoin; les grands services qu'il avait rendus étaient oubliés. Ainsi va le monde!

Mais, du moins, on peut voir que le colonel, à quatre-vingt-deux ans, aimait encore sa famille, et faisait preuve d'une activité prodigieuse pour procurer des succès à l'un de ses neveux.

Quelque temps après survint le coup d'Etat du 2 décembre 1851.

Le colonel vit cet événement politique avec satisfaction. Toujours plein d'illusions, comme s'il avait eu vingt ans, il y vit surtout un motif d'espoir pour ses démarches près du Ministère des affaires étrangères, pour l'abrogation du traité du 5 avril 1840.

« Ce changement, m'écrivait-il le 15 décembre 1851, me semble devoir favoriser le succès de mes démarches, parce qu'il est très-probable que dans le futur Conseil d'Etat, il y aura une section de la guerre; que dans l'ancien (avant 1848), elle était présidée par un général que je connais beaucoup, depuis longtemps, et que ce général me semble avoir un très-proche parent au nombre des ministres actuels. »

Aussi se disposait-il à venir à Paris ; toutefois, il ne voyait pas encore l'aurore d'un second Empire, qui devait apporter aux anciens militaires comme lui, héritiers du legs de cent millions, inscrit dans le testament de Napoléon Ier, un si grand motif d'espoir.

Il se contentait de se réjouir d'avoir vu l'autorité combattre avec succès un foule de pillards qui, sous prétexte d'opinion politique, avait troublé l'ordre dans son département. Dans sa lettre datée de Salins, il racontait d'une manière assez pittoresque, ce qui s'était passé à Poligny.

« Salins, m'écrivait-il, a joui d'une tranquillité parfaite, grâce à la sollicitude et à l'activité du maire.

» Mais à Poligny, un ancien commissaire de Ledru-Rollin, pharmacien de son état, s'est mis à la tête d'une insurrection dans la nuit du 6 au 7 décembre. On a sonné d'abord un carillon en signe de joie, puis un glas annonçant la mort de l'autorité, et enfin un tocsin qui a duré pendant huit heures. On a maltraité et incarcéré le Maire, le sous-préfet, le receveur particulier, et on les a remplacés. Les insurgés ont vidé plusieurs caves, celles des fonctionnaires incarcérés et celle du curé dont le vin était porté aux sonneurs dans des arrosoirs.

» Des troupes arrivées de trois côtés ont effrayé les triomphateurs qui se sont enfuis vers la Suisse.

» Avant de passer les frontières, ils ont voulu faire encore en France un bon repas ; se croyant déjà en sûreté, ils ne se sont pas crus tenus à de la discrétion, et pendant qu'ils étaient à table à *Jougne*, les douaniers et les gendarmes sont venus troubler leur joie, et en ont enchaîné onze qu'ils ont ramenés dans les prisons de Poligny d'où plusieurs ont fait le voyage de la forteresse de Saint-André que je vois depuis mes fenêtres.

En 1852, le colonel avait quatre-vingt-trois ans, ses jambes devenaient lourdes, son oreille était dure, il n'y voyait presque plus de l'œil droit, et l'œil gauche ne percevait plus la lumière depuis longtemps déjà ; ses dents et ses cheveux l'avaient abandonné ; son nez s'allongeait et se rapprochait grandement de son menton. La force physique faiblissait.

Mais la force intellectuelle se conservait assez bien, quoique concentrée désormais sur deux objets principaux L'un de ces objets était Caroline Straub que le colonel trouvait belle, gracieuse, intelligente, vertueuse, lui reconnaissant une foule de qualités qu'elle n'avait pas. L'autre objet était toujours la grande opération du Rhin.

En mars 1852, il me chargeait de payer une somme de 77 francs qu'il devait à M. Kœplin, lithographe, pour l'autographie d'un mémoire de vingt-huit pages intitulé : Discussion du traité de limites du 5 avril 1840.

Le 2 juin 1852, il m'écrivait de Strasbourg la lettre suivante :

« Je t'ai parlé de mon intention de chercher un appui auprès du Ministère dans la personne d'un sénateur, M. le baron de Heckereen, propriétaire d'îles du Rhin, qui se trouve intéressé au succès de mes démarches, parce que, comme tous les riverains, dont j'ai fixé les droits, il recevra un titre indispensable à chacun. J'ai lu dans les journaux que M. de Heckeeren a eu récemment deux missions diplomatiques, l'une à Vienne, l'autre à Berlin. Je t'ai dit qu'il est Alsacien ; que j'ai fait, il y a bien longtemps, une visite à son père, M. d'Antès, qui habite les environs de Colmar. Je suis résolu d'y aller de nouveau pour me rendre porteur d'une lettre dans laquelle je serai recommandé au fils.

» Je te prie de ne pas *perdre un instant* pour obtenir l'adresse du baron, afin de t'informer d'une manière quelconque s'il doit partir de Paris et à quelle époque.

» Si tu te présentais chez M. le baron tu pourrais lui dire que c'est la conduite du général Guilleminot qui *a détruit le monument d'utilité pub'ique* que j'avais élevé.

» Il y'a dans le lit du Rhin 620 lignes géodésiques tracées matériellement par des clochers, par 370 bornes et par des allées de peupliers ; elles devaient servir de départ pour reproduire 550 lignes de limite qu'à produites le partage de la surface du fleuve entre cent soixante-quatorze propriétaires ; le soi-disant traité définitif ne contient pas une phrase dont un seul propriétaire d'île puisse faire usage devant les tribunaux !

» Je suis résolu d'aller voir M. de Heckeeren le plus tôt possible pour l'entretenir de ce que je viens de te faire connaître.

» J'ai lu dans le *Courrier du Bas-Rhin* qu'il allàit être envoyé comme ministre près d'un souverain de la Confédération ; s'il était déjà en Allemagne, je me déciderais peut-être à y aller. »

Voit-on d'ici ce vieillard de quatre-vingt-trois ans qui veut voyager jusqu'au fond de l'Allemagne pour faire une tentative très-douteuse, se rapportant à l'espoir d'obtenir la modification d'un traité défectueux !

Une constance aussi admirable, dans un but qui n'avait presque rien de personnel, était à elle seule une considération de nature à faire croire à la vérité de ses critiques, et aurait vraiment mérité d'être couronnée de succès.

Mais c'était là un effort suprême.

Depuis cette époque, mes tentatives pour l'éclairer et le protéger contre la voracité des deux femmes qui l'entouraient dans son intérieur, ayant été inutiles et mal reçues,

je ne vis presque plus le colonel, et il parut ne plus s'occuper que de Caroline Straub, exclusivement à toute autre
préoccupation.

Je ne reçus plus de ses nouvelles que par son ami, M. le
notaire Burtz, qui l'aimait beaucoup, qui lui faisait des observations sur ses prodigalités, mais qui cependant finissait
toujours par lui remettre l'argent dont il faisait la demande,
et qui avait pour principe qu'en définitive un oncle ne doit
rien à ses neveux et peut manger entièrement sa fortune
s'il veut se passer cette fantaisie.

En août 1852, ce brave notaire m'écrivait ce qui suit à
propos de l'arrestation momentanée, par la police, de la
demoiselle Straub, qui avait eu lieu en 1850, et que le
commissaire de police, M. Collignon, avait fait connaître au
colonel :

« Votre oncle est tout disposé à y ajouter foi, seulement
il en tire une conclusion diamètralement opposée à la vôtre,
et à ses yeux c'est une raison de plus de ne pas abandonner
cette créature, qui sans son soutien ne tarderait pas à se
dégrader complétement ; très-bienfaisant de son naturel,
suivant son expression habituelle, il se fait désormais un
devoir d'assurer un sort à cette fille.

» Il se voit survivre à tous ses anciens amis ; les relations du monde ne sauraient plus lui convenir sous aucun
rapport ; celles de famille lui offrent également des incon-
vénients, et sans ce caractère de générosité qu'il possède
réellement et au moyen duquel il se crée, selon son goût,
une modeste et dernière société, il serait certainement à
plaindre en se trouvant réduit à un bien triste et mortel
isolement, *lui, un des hommes les plus actifs de son siècle.* »

Il m'écrivait encore le 28 du même mois :

« Le colonel est l'homme le plus bienfaisant, en même

temps que le plus obstiné qu'il soit possible de trouver, un vieillard *qui n'est plus de notre monde, qui a même cessé d'en avoir l'intelligence.* »

Je lui avais signalé le nom de l'homme d'affaires qui dirigeait les femmes Straub dans leur grande opération de captation ; il me répondit :

« Cet homme dont vous parlez n'est pas un avocat. *C'est un homme de la pire espèce.* »

Le 12 septembre 1855, l'ingénieur en chef, Mossère, m'écrivait de Strasbourg :

« Cher monsieur,

» Je trouve du papier rose dans le secrétaire de la chambre que j'occupe, hôtel de la Ville de Metz, et je m'en sers pour vous donner des renseignements *qui ne sont pas de la même couleur.* M. Burst m'apprend que le colonel, pour aller à Salins, est venu lui demander l'argent qu'il lui a prêté à valoir sur une rente du capital de 4000 francs. Il amène avec lui la nouvelle mariée, Caroline Straub, et son mari.

» L'on vous a sans doute écrit de Salins pour vous faire savoir ce que le *colonel y fait en pareille société!* »

Il ne restait plus en effet au colonel aucun capital si ce n'est celui de cette rente valant 4,000 francs dont il est question ci-dessus. Tout avait passé dans les mains de Caroline Straub. Quant au voyage à Salins, j'avais appris en effet que le colonel y était arrivé, avec Caroline et son mari, et qu'on y avait mené joyeuse vie aux dépens du vieux colonel.

Peu de temps après, j'appris que les jeunes mariés, dont la présence à Salins avait fait une sensation bien triste dans l'esprit de tous les amis du colonel et de sa famille, étaient repartis pour Strasbourg.

Le colonel resta seul dans sa maison, dans cette maison

où sa sœur était morte récemment, et qui ne lui appartenait qu'à moitié, puisque sa sœur en mourant avait institué ses neveux pour héritiers de sa part. Ce fut alors que la maladie l'atteignit ; il souffrit pendant tout l'hiver de maux d'intestins ; et quand au printemps, il revint à Strasbourg, il était déjà profondément atteint.

Le colonel Prélat, son cousin, m'écrivait de Besançon le 31 décembre 1855 :

« Mon cher cousin,

» J'ai vu, il y a trois mois, le colonel Epailly ; j'ai trouvé son moral bien baissé ; on m'a dit que depuis il était revenu à Besançon, où il n'a vu aucune personne de sa connaissance.

» Je crois qu'il a entièrement perdu la mémoire. »

Cette dernière phrase est très-significative, et elle explique parfaitement comment le colonel, dans ses derniers jours, ne se souvenait plus qu'il avait une famille. Caroline Straub sut tirer parti, dans son intérêt, de cette faiblesse d'esprit ; rien de plus facile que de faire croire les choses les plus invraisemblables et les plus fausses à un vieillard dont la mémoire n'existe plus.

Ainsi, on lit dans le recueil des causes célèbres, l'histoire d'une nommée Jeanne-Gabrielle-Clotilde, femme de chambre d'une dame riche, qui voulut se faire passer pour la fille de ladite dame ; elle obtint de sa maîtresse qu'elle la reconnut, dans un testament, puis publiquement, pour sa fille ; elle lui fit croire qu'elle était accouchée secrètement et qu'elle avait fait déclarer l'enfant comme provenant de père et mère inconnus, afin de ne pas donner de co-héritier à son fils déjà né.

Mais Clotilde fut déboutée de ses prétentions par un arrêt du Parlement de Toulouse, du 11 mars 1766, lequel constata que la reconnaissance de l'enfant était uniquement l'effet d'une séduction exercée sur un esprit affaibli.

La maladie chronique des intestins dont souffrait le colonel avait résisté à tous les remèdes ; l'estomac devint malade à son tour et, au mois d'octobre 1856, le colonel ne pouvait plus rien digérer ; les organes étaient usés ; la vie s'affaiblissait de plus en plus.

Pourtant, il sortit encore le 25 octobre, appuyé sur le bras de Caroline Straub, et se rendit à la recette générale des finances, dans le but de toucher le capital d'une petite rente dont il n'avait que l'usufruit.

Déçu dans son espoir, il entra dans une violente colère, qui causa dans son organisation un bouleversement dont les suites ne pouvaient qu'être funestes.

En rentrant chez lui, il dut se mettre au lit, et ne se releva plus.

Le 30 octobre 1856, il était au plus mal, et Caroline Straub jugea convenable de faire appeler un prêtre au chevet du mourant.

Le colonel n'était pas dévot ; jamais il ne mettait les pieds dans une église. Ses principes religieux étaient un déisme pur, sans aucune acception de religion particulière. Il était du reste difficile de savoir exactement ce qu'il pensait sur ce sujet, car jamais il n'exprimait une opinion. Sur les questions religieuses ; on ne l'a jamais entendu dire un seul mot contre les prêtres, et jamais aucune parole impure ne sortait de sa bouche ; il ne critiquait pas la religion, mais il n'avait pas l'air de s'en occuper. On pouvait dire qu'il était, en philosophie, de l'école positiviste, sans le savoir. Il n'avait jamais eu peur de la mort, et s'inquiétait peu de ce qui devait la suivre. D'une probité sévère, d'un désintéressement rare, et d'une bienfaisance aveugle, il ne dirigeait ses idées que sur les choses de la terre, comme s'il pensait que l'intelligence humaine ne saurait aller plus loin.

Il avait cependant, comme nous l'avons vu, été élevé par des prêtres; mais la révolution et l'étude des philosophes du XVIIIe siècle avaient laissé en lui des traces profondes. Son frère, l'ingénieur en chef, dont j'ai déjà parlé et dont je donnerai la biographie à la fin de cet ouvrage, était revenu aux idées catholiques et aux pratiques du culte, par l'influence de sa femme, mais le colonel étant resté garçon, n'avait eu aucune occasion de modifier ses idées. Il était, du reste, d'un tel caractère que personne ne pouvait le faire renoncer à une opinion qu'il s'était formée.

Et pourtant ne pouvant résister, en ce moment, à Caroline Straub, il se confessa. Quand il eut fini, Caroline prétend qu'elle lui démanda ce qu'il avait dit.

— J'ai répondu par oui et par non.

— Et avez-vous parlé de moi, répliqua Caroline?

— Non, cela ne regarde personne.

Ces paroles peuvent avoir été prononcées, mais elles ont pu aussi être inventées par Caroline. Je ne les cite que comme renseignement, toute vérification étant impossible.

Le prêtre était encore là lorsqu'on introduisit le commandant Immeline, qui avait été le compagnon dévoué du colonel dans tous ses travaux. Le commandant ne chercha pas à donner au mourant de banales consolations, ni à le tromper sur son état, il se contenta, pour le distraire, de lui parler des campagnes qu'ils avaient faites ensemble dans leur jeunesse, en Allemagne et en Hollande, au bruit du canon, au milieu du fracas de la guerre, dans la société de nos brillants généraux. A ces mots, le vieux colonel qui était comme assoupi, se réveilla; son œil parut se ranimer pour un instant. En vain le prêtre lui parlait de l'éternité, du paradis et des anges; le vieillard paraissait insensible à cette perspective; mais on voyait sur son vaste front, un dernier éclair de vie et d'ardeur qui se manifestait au souvenir de ses jeunes années et de ses campagnes mémorables dont le souvenir ne pouvait s'effacer.

Le vieux colonel retrouva encore quelques paroles suprêmes pour faire comprendre au commandant Immeline qu'il se souvenait toujours de cette grande époque, et il expira doucement en parlant de la grande armée et du grand Empereur !

Ainsi s'éteignit le colonel Epailly, à l'âge de quatre-vingt-sept ans et un mois; dix-sept ans après la mort de son frère, l'ingénieur en chef, qui était plus jeune que lui de cinq ans.

Singulier contraste entre les deux frères, dont l'un, d'un caractère doux, était plein de foi et de crédulité sincère, malgré sa science et son instruction, et dont l'autre, doué d'une fermeté rare, indifférent aux actes et aux dogmes religieux, était resté inaccessible aux terreurs qui assiégent souvent les moribonds. Tous deux cependant pleins de bonté, de droiture et de probité, remplissant avec distinction des carrières diverses, servant l'état avec dévouement pendant quarante-cinq ans, et mourant ensuite, pour ainsi dire, sans fortune !

Tous deux durent à leurs parents le bienfait inappréciable d'une éducation brillante qui leur permit d'être utiles à leur pays. Leur père s'est acquis ainsi un titre sacré et d'autant plus beau que la fortune lui manquait.

C'est un devoir dont malheureusement ne savent pas toujours s'acquitter des personnes qui possèdent la richesse, et il devrait exister une loi pour punir les parents qui oublient ainsi leurs obligations par avarice, ou par sottise.

Le colonel Epailly avait vécu dans une époque bien agitée et bien sérieuse : né sous le règne de Louis XV, il avait vu la Révolution et les deux Empereurs, Napoléon Ier et Napoléon III, en traversant dix gouvernements différents.

Son acte de décès est ainsi libellé :

« Mairie de Strasbourg,

» Il appert des registres de décès de la ville de Strasbourg, déposés aux archives du bureau de l'état civil, que Anatoile-François Epailly, âgé de quatre-vingt-sept ans, né à Mouchard (Jura), colonel du génie en retraite, officier de la Légion d'honneur, chevalier de l'ordre badois de Zœringen, non marié, fils de feu Joseph Epailly, arpenteur, et de feue Jeanne Rousset, est mort le 30 du mois d'octobre de l'an 1856. »

Les funérailles du colonel eurent lieu avec tous les honneurs militaires qui étaient dus au rang qu'il avait occupé dans l'armée; un petit nombre d'amis suivit le cortége funèbre.

Quant à moi, averti tardivement par le notaire du colonel, je ne pus arriver à Strasbourg que le lendemain de l'enterrement, après avoir passé toute une nuit en chemin de fer; je me rendis aussitôt chez Mme veuve Straub, dans la maison mortuaire, et je retirai de ses mains, après quelques reproches calmes et fermes, accompagnés d'une menace de poursuites judiciaires, l'épée du colonel, sa croix d'honneur, sa croix de Saint-Louis et ses papiers. Je reçus aussi des mêmes mains, quelques jours après, moyennant quelques billets de banque, une espèce de testament informe que cette femme s'était fait faire cinq jours avant la mort du colonel, et formé de trois lignes à peine lisibles; elle sentit qu'elle ne pouvait faire usage d'un pareil document, dont l'origine vicieuse et abusive était trop facile à constater; elle reconnut évidemment, par le fait même de cet abandon, combien elle et sa fille avaient abusé de l'affaiblissement des facultés du colonel.

Cet affaiblissement, résultat assez ordinaire d'un grand âge, avait facilité le dépouillement du vieillard, et ce dépouillement fut si complet qu'il laissa à peine de quoi payer les frais de son convoi et de son tombeau, qui est surmonté d'une colonne brisée.

Caroline Straub, plus tenace encore que sa mère, s'obstina à garder la croix badoise du colonel, la médaille d'or qu'il avait reçue de la république de Soleure, sa croix de franc-maçon, une broche de quatre petites croix et une foule d'autres objets qu'elle prétendit lui avoir été donnés, mais sans pouvoir en fournir la moindre preuve.

Chose singulière, lorsque je réclamai la montre en or de mon oncle, elle représenta la copie d'un écrit ainsi conçu :

« Je déclare avoir donné ma montre en or, à répétition, à Mme Straub. »

» Strasbourg, le 1er juillet 1856.

» Signé : Epailly. »

Or, si Mme Straub a eu la précaution de se faire donner un écrit semblable, pour une montre, il semble en résulter évidemment que les autres objets, bien plus précieux encore, s'ils avaient été réellement donnés, auraient été accompagnés d'une pareille déclaration.

Cet écrit, tout extraordinaire qu'il paraisse (car c'était quatre mois avant la mort, et l'on a toujours besoin de sa montre jusqu'à sa dernière heure), cet écrit, dis-je, est un argument contre la possession légale et légitime des autres objets, et surtout des souvenirs honorifiques de la carrière du colonel, qui, évidemment, devaient rester à la famille.

Le colonel Epailly avait eu beaucoup d'amis; mais le plus grand nombre ne vivaient plus.

Le baron Jollivet, le général Bachelu, le général Prétet, le docteur Pagès, le docteur Paulin, le colonel Corabœuf, le colonel Lapie, le général Reibell, le général Mengin, M. Grillot, le commandant Liéfroy, le président Bérenger et tant d'autres, avaient eu avec lui les relations les plus affectueuses; le colonel Martener, M. Pouillet (de l'Académie des sciences), M. le baron de Heckeeren (sénateur), M. Feuillet de Conches, chambellan de l'Empereur et chef du protocole, au ministère des affaires étrangères, se souviennent encore parfaitement de lui.

Le général Trézel, ancien ministre de la guerre sous Louis-Philippe, avait été sous les ordres du colonel, en Allemagne; le colonel l'avait fait nommer officier dans le corps des ingénieurs géographes, en 1804, et le général Trézel avait toujours été très-reconnaissant. Le 8 novembre 1856 je lui écrivis à Hières pour lui annoncer la mort de son ancien chef, et il me répondit par la lettre suivante :

« Monsieur,

» C'est avec bien du regret que j'apprends la mort de votre oncle, le colonel Epailly; il a été mon premier chef dans ma carrière et m'a constamment témoigné une protection toute affectueuse; l'ancienne lettre de recommandation que vous avez la bonté de m'envoyer en fait preuve officielle et je la conserverai en souvenir de lui.

» Quel malheur que son mérite et la droiture de ses sentiments ne l'aient pas pu préserver de ces tristes captations que des intrigants exercent sur presque tous les hommes qui vieillissent éloignés de leurs proches. Les affections de famille s'affaiblissent chaque année dans cet éloignement qu'un entourage avide s'efforce de prolonger jusqu'au moment où il pourra se substituer aux héritiers naturels. »

Cette lettre honorable peut être considérée comme l'orai-
son funèbre du colonel Epailly, et un éclatant témoignage à
sa mémoire.

En 1865, le 14 novembre, neuf ans après la mort du
colonel, M. le général Blondel, conseiller d'Etat, directeur
du dépôt de la guerre, m'écrivait la lettre suivante :

« Monsieur,

» Le maréchal de France, comte Randon, ministre de
la guerre, a décidé qu'en considération des travaux importants laissés au dépôt de la guerre par feu le colonel Epailly,
votre oncle, et des services que vous avez rendus à l'administration centrale du Ministère de la guerre, il vous serait
accordé gratuitement, un exemplaire de la carte topographique (en 18 feuilles) de l'ancienne Souabe, à la rédaction
de laquelle le colonel Epailly a pris une part capitale. »

Ainsi, le souvenir du colonel est encore bien vivant et
profondément honoré aujourd'hui au Ministère de la guerre.
Ce souvenir, grâce au présent ouvrage dont un exemplaire
sera offert à l'Empereur et aux principaux souverains, ne
s'éteindra jamais dans l'avenir, et sera transmis jusqu'aux
générations les plus éloignées. En écrivant la vie du colonel
Epailly, je n'ai pas cédé seulement à un sentiment de reconnaissance, je n'ai pas voulu seulement remplir un devoir de
famille et honorer un héritage sacré ; j'ai voulu aussi accomplir consciencieusement un acte de justice ; je l'ai fait, la
balance de l'historien à la main, c'est-à dire en ne dissimu-
lant rien, et en apportant, jusque dans les plus petits dé-
tails, l'amour exclusif de la vérité.

Rappeler les actions des hommes qui ont noblement servi
leur pays et la science, c'est offrir à la postérité des mo-
dèles à imiter ; c'est donc concourir pour ainsi dire, par
anticipation, à de nouveaux travaux qui viendront enrichir

la patrie; c'est continuer, au delà du tombeau l'œuvre entreprise par des esprits d'élite dont la mémoire doit être glorifiée. Grâce à l'histoire, la mort des hommes distingués loin de les anéantir, leur apporte la récompense suprême qui vient couronner une vie pleine d'honneur et de dévouement.

PIÈCES JUSTIFICATIVES

AGENCE DES POIDS ET MESURES.

Nous, soussignés, membres de l'Agence temporaire des poids et mesures, déclarons que du certificat du citoyen Brisson, chef d'un des bureaux de l'Agence, il résulte que le citoyen Epailly, employé principal audit bureau, était à son poste *les 12 et 13 vendémiaire* derniers, et qu'à raison de la *démission qu'il a donnée* de son emploi le 29 du même mois, nous ne l'avons pas fait comprendre dans l'état des employés de l'Agence arrêté par nous pour la *distribution des habillements* et qu'il ne sera également point compris dans l'état relatif *à la distribution du bois.*

Paris, ce 14 brumaire an IV de la République une et indivisible.

Signé : LEGENDRE, COQUEBERT.

ORGANISATION DES TRAVAUX DE LA TOPOGRAPHIE MILITAIRE.

Le 24 floréal, an III de la République française une et indivisible (1795).

Le Comité de salut public

ARRÊTE :

ARTICLE 1er. — Le directeur général du dépôt de la guerre prendra sur le champ, les mesures convenables pour assurer l'exécution des travaux topographiques militaires, hydrographiques, astronomiques et géodésiques, détaillés au tableau joint au présent arrêté.

ARTICLE 2. — Les ingénieurs géographes, les astronomes, leurs adjoints et employés au dépôt général de la guerre, qui sont détachés pour ces travaux, seront répartis en sections, conformément audit tableau.

ARTICLE 3. — Indépendamment de leur traitement ordinaire, ils recevront tous les mois, pendant la durée de leurs opérations pour indemnité de leurs frais personnels de route, etc., une somme égale à la portion fixe de leur traitement ordinaire.

ARTICLE 4. — Ils recevront en outre, pendant leur séjour aux armées, les rations de bouches et de fourrages.

ARTICLE 5. — Ils seront d'ailleurs remboursés des frais extraordinaires occasionnés par ces opérations, tels que journées d'indicateurs, porte-chaînes, signaux et autres de même nature. Chaque chef de section dressera, par chaque mois, un état détaillé de ces frais, de lui certifié, et appuyé de pièces justificatives, dont le remboursement sera effectué de la même manière que celui des autres dépenses du dépôt général de la guerre et de la géographie.

ARTICLE 6. — Chaque chef de section enverra tous les mois, au directeur du dépôt général, le sommaire détaillé et certifié, de tous les travaux et opérations exécutés par la division confiée à sa surveillance.

> Signé à la minute : GILLET, LA COMBE (du Tarn) AUBRY, LA PORTE, MERLIN (de Douai), TREIL-LARD, DEFERMON.

> Vu et approuvé par les Comités de salut public et des finances réunis, signé : TALLIEN, VERNIER, HOURIEZ, ELOY, ROUX.

Du 23 floréal de l'an IV de la république française, une et indivisible (1796).

Le Directoire exécutif, sur le compte-rendu par le ministre de la guerre, des travaux effectués l'année dernière, en exécution de l'arrêté du Comité de salut public du 24 floréal an III, par les soins et sous la surveillance du directeur du dépôt général de la guerre et de la géographie, tant pour la mesure de l'arc du Méridien qui doit servir de base à l'unité des poids et mesures, que des autres opérations astronomiques, géodésiques et topographiques militaires, nécessaires pour assurer les triangles qui doivent lier la carte générale de France aux pays voisins de la République,

ARRÊTE :

Le directeur du dépôt général de la guerre fera continuer pendant cette campagne les opérations astronomiques, géodésiques et topographiques désignées en l'arrêté du Comité de salut public du 24 floréal an III.

Il sera provisoirement affecté à ces travaux la somme de cent mille livres, valeur fixe, et dix mille livres en numéraire effectif, lesquelles seront réparties entre les différentes sections d'astronomes et ingénieurs, proportionnellement aux besoins et dépenses de chacune.

Le compte des sommes ci-dessus, sera rendu et arrêté dans les mêmes formes que les autres dépenses du dépôt général de la guerre et de la géographie.

Le ministre de la guerre est chargé de l'exécution du présent arrêté qui ne sera point imprimé.

Pour expédition conforme, signé : CARNOT, président.

Pour le Directoire exécutif,

Le secrétaire général, signé : LAGARDE.

Du 16 prairial de l'an IV de la République française, une et indivisible.

Le Directoire exécutif, sur la proposition de ministre de la guerre,

ARRÊTE :

Les *ingénieurs, géographes militaires* et *astronomes* détachés du dépôt général de la guerre et de la géographie, en exécution de l'arrêté du 23 floréal dernier, jouiront de la solde en numéraire faisant partie de leur traitement, sur le pied ci-après, savoir :

Les chefs de section seront payés sur le pied de *capitaine*.

Les ingénieurs, comme *lieutenant*.

Sans préjudice des attributions qui pourraient revenir aux ingénieurs et astronomes dans une proportion plus forte, à cause du grade militaire dont ils seraient pourvus.

Chargé le ministre de la guerre de l'exécution du présent arrêté qui ne sera point imprimé.

Pour expédition conforme, signé : CARNOT, président.

Pour le directoire exécutif,

Le secrétaire général, signé : LAGARDE.

FRANC-MAÇONNERIE.

—

LOGE DES CŒURS-UNIS. (GRAND-ORIENT DE FRANCE).

Orient de Paris, le sixième jour du dixième mois (octobre) de l'an de la vraie lumière : 5810.

Très-cher Frère,

J'éprouve une bien grande satisfaction d'être chargé de vous annoncer que la Respectable Loge des Cœurs-Unis, dans sa séance du 1er du courant, vous a encore appelé à l'unanimité de suffrages à l'Office de l'Orateur, ainsi qu'à celui de Député au Grand-Orient.

La Révérende Loge espère que vous voudrez bien lui donner une nouvelle preuve de votre amitié et de votre attachement en acceptant ces deux Offices éminents que vous avez si bien remplis jusqu'à présent à la satisfaction générale de la Loge.

Je serais en mon particulier très-charmé si vous vouliez me mettre à même de faire connaître au Respectable Atelier vos dispositions à vous rendre à son appel.

J'ai la faveur d'être par les noms maçonniques que vous seul connaissez,

Votre dévoué Frère,

WEIDNER,
Secrétaire général.

———

A la Gloire du Grand Architecte de l'univers, au nom et sous les auspices du Grand-Orient de France :

> Extrait de la planche d'architecture de la Respectable Loge des Cœurs-Unis à l'Orient de Paris, du premier jour du dixième mois de l'an de la véritable lumière 5810 (1er octobre 1810 ère vulgaire).

Appert,

La Royale Loge des Cœurs-Unis, l'Orateur oui en ses conclusions, avoir arrêté ce qui suit :

Le très-cher frère Epailly a été réélu, à la majorité du scrutin, Orateur de ce Respectable Atelier, et après avoir prêté son obligation a été installé en ladite qualité.

Pour extrait conforme :

PAGÈS. CAUCHOIS, 1er surveillant.

SOURSAC, 2e surveillant.

Par mandement de la Respectable Loge.

WEIDNER,
Secrétaire général.

BÉRET, (Rose-Croix), hospitalier.

EPAILLY.

Timbré et scellé par nous garde des timbres et sceaux de la Respectable Loge,

LESIEUR.

GRAND-ORIENT DE FRANCE.

Paris, le 12 février de l'an vulgaire 1811.

Très-cher Frère,

Vous êtes prié de vous trouver le lundi 18 de ce mois (ère vulgaire) à six heures précises du soir, aux travaux de la Grande Loge d'administration, muni du cordon aurore de député, pour y prêter votre obligation en cette qualité, et pour donner votre avis sur les objets qui vous seront proposés.

Votre présence augmentera les lumières qu'il est nécessaire d'apporter dans ses délibérations.

Le Grand Nétori.

Rue de Four-Saint-Germain, 47.

A L'ORIENT DE L'UNIVERS

D'un lieu très-fort, très-saint et très-éclairé,
où règnent la Foi, l'Espérance et la Charité,
à tous les respectables chevaliers parfaits maçons,
Salut, salut, salut.

Nous très-sage, et Officiers du Souverain Chapitre des Cœurs-Unis régulièrement constitué à la vallée de Paris.

Voulant récompenser le zèle et seconder l'empressement des Frères qui désirent parvenir aux plus hautes connaissances des sciences mystiques.

Certifions que le très-cher et parfait Frère Epailly (Anatoile-François), lieutenant-colonel attaché au corps impérial du génie géographe, natif de Salins, département du Jura, le 29 septembre 1769 (Mouchard, 30 septembre), a été reçu, admis et constitué par nous Souverain Prince Rose-Croix au rit Français.

C'est en cette qualité que nous prions les Souverains Princes et parfaits maçons de tous les rits répandus sur la surface du globe de le reconnaître, honorer et respecter, et que nous lui avons délivré le présent bref signé de nous et du Frère chevalier Epailly, *ne varietur*, contresigné par notre secrétaire général et scellé de notre grand sceau.

Donné dans la vallée de Paris, travaux tenant, le deuxième

jour du mois appelé ADAR, *anno lucis* 5811, l'an de la régé-
nération 1811, et de notre Souverain Chapitre le 1er.

CAUCHOIS,

1er grand surveillant.

JALABERT,

2e grand surveillant.

PAGÈS,

Très-Sage.

Par mandement du Souverain
Chapitre,

WEIDNER,

Secrétaire-général.

Vu à la respectable Loge de Saint-Jean d'Ecosse,
sous le titre distinctif des Cœurs-Fidèles, à
l'Orient de Strasbourg, le 15 du dixième mois
de l'an de la vraie lumière 5125.

PARRÈS, SILBERMAN, secrétaire.

GRAND-ORIENT DE FRANCE.

Paris, le 1er décembre de l'an vulgaire 1816.

Très-cher Frère,

Vous êtes prié de vous trouver le mercredi 4 de ce mois
(ère vulgaire), à six heures précises, aux travaux ordinaires du Suprême Conseil, pour y prêter votre obligation
en qualité d'Expert dans ledit atelier, place à laquelle vous
avez été nommé par arrêté du Grand-Orient, du 30 novembre dernier, pour donner votre avis sur les objets qui seront
proposés.

LE GRAND NÉTORI.

Paris, ce 20 décembre 1816.

J'ai besoin, mon cher Epailly, de recevoir parfois de vos
nouvelles, et si on ne m'assurait pas de temps à autre que

votre santé est constante, je serais inconsolable de votre absence. — Vous savez que votre amitié m'est nécessaire, que je dois souffrir de ne plus vous voir à mes côtés, et que je dois soupirer après votre retour. — Plaise à la nature vous ramener sain et sauf et glorieux de la fin de vos travaux.

Croyant vous être utile et vous procurer quelques jouissances dans vos voyages, je vous ai fait recevoir dernièrement Officier du Grand-Orient.

Ce titre honorable peut vous faire faire des connaissances ; en étant présent et assidu, on rentre dans la presque totalité de sa mise.

— — Signé : PAGÈS.

CARBONARISME.

(PIÈCE PARAISSANT ÉMANER DES CARBONARI).

LE GRAND CHANTIER DE FRANCE

RÉGULIÈREMENT CONSTITUÉ EN CHANTIER GÉNÉRAL SOUS LES AUSPICES DE LA NATURE.

Dans le *Centre des Forêts* Impériales et Royales de France.

Bonne vie, Cousin,

Notre P∴ Maître t'ordonne de te rendre dans la Forêt impériale, sise avenue et cabane du Cousin de Sève, notre Trésorier contrôleur, grand garde des ventes, bois et forêts, canton d'Amont, demeurant rue des Grés-Saint-Jacques, enclos des ci-devants Jacobins, n. 9, proche de la Sorbonne, le samedi 1er septembre 1810, à trois heures précises de l'après-midi, pour l'aider dans la besogne des Cousins bons Compagnons Fendeurs;

Apporte la présente ordonnance;

Amènes-y la Cousine la Ménagère;

Chasse la mélancolie, bannis le chagrin;

N'oublie pas tes attirails, ton appétit et la bonne humeur;

Si tu rencontres dans la route Briquets ou Briquettes, amènes-les nous.

J'ai l'avantage d'être toujours ton Cousin,

NOSTRADAMUS.

Le passe-partout est fixé à 8 francs par Cousin, 4 francs par Cousine, jusqu'au 25 du présent, passé lequel jour elles seront de 10 francs par Cousin et 5 francs par Cousine.

A 5 heures, le réveil des bons Cousins et bons Compagnons fendeurs.

A 6 heures la soupe aux choux.

Ensuite prologue entre les Cousins.

Réception, la procession, sermon.

Grande musique dirigée et exécutée par des professeurs-élèves du Conservatoire et de l'Athénée des arts.

Jeu de bague et balançoire.

Le banquet à 7 heures, où les santés d'usage seront portées avec couplets analogues.

Les Dames sont priées d'y venir en blanc.

MÉDAILLE D'OR DÉCERNÉE AU COLONEL EPAILLY PAR LA RÉPUBLIQUE DE SOLEURE.

L'Avoyer et le Conseil de la République de Soleure,

A Monsieur Anatoile-François Epailly, chef d'escadron au corps royal des ingénieurs géographes, chevalier de l'ordre royal de la Légion d'honneur.

Monsieur le colonel,

Par le rapport que nous ont fait nos commissaires, M. le colonel d'Altermatt et M. le commissaire Hirt, tous les deux membres du tribunal d'appel, sur les opérations de la délimitation du territoire entre le royaume de France et le canton de Soleure, effectuée en 1818, il nous a été très-agréable d'apprendre les manières obligeantes et promptes, et la justice que vous avez mises dans cette vérification des limites.

C'est aussi à vos dispositions bienveillantes, Monsieur le colonel, que nous devons la ratification de la convention de 1820, concernant le transit, si propre à consolider la bonne harmonie et le bon voisinage entre les ressortissants de la Haute-Alsace et les nôtres du Leimenthal.

Pénétrés de la plus vive reconnaissance pour tous les soins et toutes les peines que vous avez bien voulu vous donner à cet égard, nous avons cru ne pouvoir mieux les apprécier, ainsi que vos mérites distingués, qu'en vous offrant une marque de souvenir perpétuel consistant en une médaille dont les sentiments du gouvernement du canton de Soleure pour vous, monsieur le colonel, rehausseront le prix, et qui sera pour tous les temps, une preuve publique de sa haute estime et de sa considération la plus distinguée.

L'avoyer en charge, HERMENÉGILD baron d'AVREGGER.
Le chancelier d'État, FRÉDÉRIC baron de ROLL.

Soleure, le 23 décembre 1823.

TABATIÈRE D'OR, ORNÉE DE DIAMANTS, DONNÉE PAR
LE ROI DE PRUSSE.

A Monsieur Epailly, lieutenant-colonel au corps royal des
ingénieurs géographes, l'un des commissaires pour la délimitation entre la principauté de Neuchatel et la France.

Monsieur le colonel,

Il a été rendu compte au Roi, mon auguste maître, du
zèle que vous avez déployé et des diligences que vous avez
faites pour amener, concurremment avec ses commissaires,
la démarcation des limites entre la principauté de Neuchatel
et le royaume de France, au terme où cette opération est
heureusement parvenue.

Sa Majesté voulant vous témoigner sa satisfaction de vos
constants efforts à cet égard, m'ordonne de vous remettre
en son nom, une tabatière ornée de son chiffre, que je
m'empresse d'avoir l'honneur de vous adresser ci-jointe,
en vous priant de vouloir bien m'en accuser la réception.

Je me félicite beaucoup, monsieur le colonel, d'être, en
cette occasion, l'organe des sentiments de mon Royal
Maître, et je la saisis avec empressement pour vous exprimer la considération la plus distinguée avec laquelle j'ai
l'honneur d'être,

Monsieur le Colonel,
Votre très-humble et très-obéissant serviteur.

Le baron de WERTHER,
Ministre de Prusse.

Paris, le 17 décembre 1825.

ÉTAT COMPLET ET DÉTAILLÉ

DES

SERVICES DU COLONEL ÉPAILLY,

Officier de la Légion d'honneur, Chevalier de l'Ordre royal et militaire de Saint-Louis, Chevalier de l'Ordre du Lion de Zœringhen de Bade, Membre de la Société de Géographie, Inspecteur des travaux de la Carte de France, Chef de la Commission instituée pour la démarcation des limites de l'Est de la France, Commissaire ordinaire du roi pour la démarcation avec le Grand-Duché de Bade.

Anatoile-François Epailly, né à Mouchard (Jura), le . . . . 30 septembre 1769.

Nommé archiviste du district de Dôle, en. . . . . 1794.

Soldat au deuxième bataillon des volontaires du district de Dôle, . . 31 octobre 1793.

Nommé quartier-maître ou trésorier au même corps. . . . . 7 novembre 1793.

Passé au huitième bataillon du Jura. 9 février 1794.

Détaché comme premier secrétaire à la Direction de l'artillerie de Strasbourg. . . . . mars 1794.

Passé à la 74ᵐᵉ demi-brigade, le. . 20 juin 1794.

Employé à l'agence temporaire des poids et mesures à Paris, expéditionnaire, puis employé principal. . . 17 mai 1795.

Nommé sous-chef au secrétariat de la Conservation générale des hypothèques, à Paris. . . . . octobre 1795.

Élève à l'École Polytechnique, le. . . 30 avril 1796.

Nommé lieutenant-ingénieur géogra-
  phe, à l'armée du Rhin. . . . . . 22 octobre 1798.

Capitaine, chef de section. . . . . 27 juillet 1799.

Chef de section (avec rang de chef
  d'escadron), à 31 ans (en Souabe). 23 septembre 1800.

Appelé au Dépôt de la guerre, comme
  chef de section. . . . . , . 20 juin 1801.

Employé au levé d'une carte des pays
  anglo-allemands. . . . . . . 17 juin 1803.

Directeur du Bureau topographique de
  l'armée du Hanovre et en Westphalie. . . . . avril 1804.

Chargé d'une mission pour Hambourg
  (collection de matériaux topographiques). . . . . 22 mars 1808.

Chargé d'une mission pour Berlin (recherche des meilleures cartes d'Allemagne). . . . . 24 septembre 1808.

Confirmé dans le rang de chef d'escadron (nouvelle organisation du
  corps), par décret impérial du. . 23 novembre 1808.

Rentré au dépôt de la guerre. . . 1er août 1809.

Nommé orateur de la Loge maçonnique des Cœurs-Unis, de Paris, et
  député au Grand-Orient. . . . 1er octobre 1810.

Nommé Souverain Prince Rose-Croix,
  à la Loge des Cœurs-Unis. . . . 1811

Nommé commandant de la Brigade des
  Ingénieurs militaires français et hollandais, chargés du levé de la carte
  de Hollande. . . . . 11 mars 1811.

Rappelé au dépôt de la guerre. . . 5 avril 1813.

Ordre du ministre de la guerre, duc
de Feltre, pour se rendre à Tours. 30 mars 1814.

Employé à la carte des chasses. . . 6 juillet 1814.

Nommé chevalier de la Légion d'honneur le . . . . 27 décembre 1814.

Employé à la carte des environs de
Paris. . . . . 31 mars 1845.

Nommé, par ordre du ministre de la
guerre, duc de Feltre, commandant
de la brigade d'Ingénieurs militaires
employés à la démarcation des frontières de l'Est de la France. . . 11 avril 1816.

Nommé officier expert au Suprême
Conseil du Grand-Orient de France. 4 décembre 1816.

Nommé Chevalier de l'Ordre royal et
militaire de Saint-Louis. . . . 19 août 1818.

Nommé lieutenant-colonel au corps
royal des Ingénieurs géographes
militaires, par ordonnance du. . . 27 janvier 1819.

Chargé d'une mission à Rastadt, le. . 22 mars 1820.

Nommé commissaire du roi, d'abord
délégué par le général comte Guilleminot, puis titulaire, pour la démarcation des frontières de l'Est, le 1er mars 1823.

Reçoit une médaille d'or de la république de Soleure. . . . . . 23 décembre 1823.

Reçoit une tabatière en or, enrichie de
diamants, avec le chiffre royal de Sa
Majesté le roi de Prusse. . . . 17 décembre 1825.

Nommé officier de la Légion d'honneur. 30 octobre 1827.

Nommé chevalier de l'ordre badois
du lion de Zœringhen. . . . . 1827.

Admis à la retraite, sur la proposition

du général comte de Bourmont, ministre de la guerre, par ordonnance
royale du. . . . . 14 septembre 1829.

Nommé Inspecteur des travaux exté-
rieurs de la carte de France, le. . . 18 septembre 1829.

Retraité. . . . . 7 mars 1830.

Cesse ses fonctions d'inspecteur des
travaux extérieurs de la carte de
France. . . . . novembre 1831.

Signe à Carlsruhe, comme commissaire ordinaire du roi, pour la démarcation des frontières de l'Est,
sous les ordres du ministère des affaires étrangères, un projet de convention avec les commissaires du
grand-duché de Bade. . . . : 19 avril 1833.

Cesse ses fonctions de commissaire
ordinaire du roi. . . . . 30 septembre 1839.

Adresse au ministre des affaires étrangères un mémoire au sujet du traité
de limite, conclu le 5 avril 1840. . 1845.

Envoie au même ministre un nouveau
mémoire sur le même sujet, le. . 1er avril 1847.

Envoie au même ministre et au Conseil
d'État un ouvrage intitulé : Recherche d'une théorie sur le droit d'alluvion. . . . . 1850.

Décédé à Strasbourg, à 87 ans et un
mois, le. . . . . 30 octobre 1856.

TOTAL : 46 ans de services.

LETTRES RELATIVES

A LA MORT HÉROÏQUE SUR LE CHAMP DE BATAILLE DU CAPITAINE EPAILLY, le 30 mars 1814.

———

Paris, 25 juillet 1814.

A M. Denis Paguet, à Venèze (Haute-Saône).

Cher frère,

M. Epailly a dû cesser d'exister, tout nous porte à le croire.

Vous saurez qu'après avoir eu une jambe brûlée, étant couché au bivouac, il se rendit à Paris pour s'y guérir, et c'est trois jours après son arrivée que les ennemis arrivèrent aux portes de cette capitale.

Lorsqu'il entendit le canon, tout boîteux qu'il était, il ne pût pas y tenir, et malgré toutes les remontrances que ma femme put lui faire, il monta à cheval et se dirigea du côté où l'on se battait.

Nous ne l'avons plus revu depuis, et il nous a été rapporté que se voyant entouré d'ennemis qui lui criaient de se rendre, il préféra se faire hacher.

Votre frère,
Signé : HARION.
Rue Joubert, nº 16.

———

Le chef d'escadron Contâux, à M. Philippe Epailly, à Angirey (Haute-Saône).

Paris, le 9 juillet 1814.

Monsieur,

Vous aurez sans doute appris la perte que vous avez faite de M. Epailly, votre frère.

Quoique sa mort ne soit pas encore bien certaine, elle paraît cependant à peu près sûre.

M. Ponsin, officier payeur du 1er régiment de tirailleurs de la garde, dit l'avoir vu tué, très près de la barrière de Clichy, et tout le monde s'accorde à dire de même.

Je partage sincèrement votre chagrin, et je le regrette comme bon et sincère ami.

M. Contaux,
Chef d'escadron,
Rue de la Michodière, n° 14.

———

Le maire d'Angirey (Haute-Saône), à M. Epailly, membre de l'Institut historique.

11 octobre 1865.

Monsieur,

La famille de M. le capitaine Louis Epailly a connu sa mort sur le champ de bataille par un brave du pays qui combattait à ses côtés et qui a dit l'avoir vu tomber frappé mortellement. Il n'était pas marié et ne laissa par conséquent ni veuve ni enfants.

Jusqu'alors, personne de sa famille n'a obtenu de récompense en faveur de son sang versé pour défendre son pays.

Signé : Mathey.

———

Pierre-François Epailly, adjoint au maire, à M. Epailly, membre de l'Institut historique.

Angirey, le 1er novembre 1865.

Mon cher cousin,

Mon oncle Louis Epailly passa ici en 1813, allant rejoindre le corps d'armée; étant au bivouac il se brûla la jambe avec de la soupe bouillante, ce qui l'obligea d'aller au dépôt à Paris. Il n'était pas entièrement rétabli quand l'ennemi arriva devant cette ville.

Les observations qui lui furent faites chez M. Harion, où il avait sa chambre, ne le retinrent pas; il fit seller son cheval et partit à la tête de sa compagnie; il fut d'abord blessé au bras gauche, et ne voulut pas se retirer, quand pendant une charge de l'ennemi, il reçut une balle à la poitrine.

On l'aida à descendre de son cheval, et il demanda au grenadier Dautel, s'il n'avait rien à lui donner; Dautel lui donna un flacon de liqueur. Mon oncle ouvrit la bouche, mais le sang en sortit; et il ne put rien prendre.

L'ennemi eut le dessus, les français battirent en retraite, et mon malheureux oncle fut laissé au pouvoir de l'ennemi.

De ce moment, on n'a pas su ce qu'il était devenu.

Le grenadier Dautel était de Gray, chef-lieu de notre canton; je suis allé le voir avec mon père, qui allait lui demander des renseignements.

Il avait une jambe de bois; il a quitté Gray pour aller à l'hôtel des Invalides, à Paris.

Mon oncle avait une rente perpétuelle inscrite sur les registres du Mont de Milan, n° 361, montant de l'inscription, 500 fr.

Signé : Pierre-François Epailly.

Le colonel Epailly, à M. Epailly, employé supérieur au ministère de la guerre.

Salins, le 11 avril 1852.

Mon cher Alexandre,

On a renvoyé à Salins une lettre adressée ainsi : à M. Epailly, ancien militaire, à Dôle (Jura); elle annonce à

M. Epailly que sa demande, tendant à obtenir la décoration de la Légion d'honneur, a été transmise au grand chancelier de l'ordre.

Un de nos parents homonyme, qui était capitaine de la garde impériale, s'est fait tuer à Montmartre, à l'époque de la première invasion de Paris.

Si le militaire en question est de la même famille que ce capitaine que j'aimais beaucoup, je lui rendrais volontiers service.

Signé : colonel Epailly.

GOUVERNEMENT DES INVALIDES.

Paris, le 6 novembre 1865.

A M. Epailly, membre de l'Institut historique.

Monsieur,

Son Excellence le gouverneur de l'hôtel des Invalides me charge d'avoir l'honneur de vous informer que le sieur Dautel (Claude-François), ancien sergent au 1er régiment de tirailleurs de la garde impériale, a été admis à l'hôtel des Invalides, en qualité de sergent, le 26 décembre 1832 et y est décédé le 3 mai 1838.

Le colonel, secrétaire général archiviste,

Signé : Michel.

DEUXIÈME PARTIE.

L'Ingénieur en chef EPAILLY.

La Famille BÉRENGER.

LE PRÉSIDENT BÉRENGER. — LE GÉNÉRAL BÉRENGER.

Le colonel Epailly affectionna vivement son jeune frère, Pierre-Antoine, qui avait cinq ans de moins que lui et dont la carrière fut aussi entièrement dévouée à son pays.

Pierre-Antoine Epailly naquit le 7 novembre 1774, dans le village de Mouchart, où habitait son père et qui se trouve entre Arbois et Salins, dans le Jura.

Le roi Louis XV venait de mourir ; Louis XVI régnait à Versailles ; la comtesse Dubarry vivait encore.

Le père de Pierre-Antoine exerçait, comme nous l'avons déjà vu, les fonctions de procureur d'office de justice et de seigneurie.

L'enfance de Pierre-Antoine se passa dans son village natal, et ses parents le placèrent ensuite au collége des Oratoriens de Salins, où était déjà son frère aîné.

En 1793, il était à peine sorti du collége, et avait atteint ses dix-neuf ans, lorsque parut le décret de la Convention nationale du 23 août, qui appelait sous les drapeaux, tous les jeunes gens de dix-huit à vingt-cinq ans.

Il fut donc soldat, pour défendre la patrie en danger et partit probablement en même temps que son frère aîné, Anatoile-François, qui avait vingt-quatre ans, et qui rejoignit, le 20 octobre 1793, le 2ᵉ bataillon des volontaires du district de Dôle.

François Epailly, qui devint plus tard le colonel Epailly, passa le 8 février 1794 au 8ᵉ bataillon du Jura, et le 20 juin 1794, à la 74ᵉ démi brigade.

Pierre-Antoine suivit très-probablement son frère aîné dans ces différents corps et prit part avec lui à divers combats qui eurent lieu pour chasser d'Alsace les Autrichiens et les Prussiens.

Toutefois, il ne figure pas sur les contrôles de la 74ᵉ demibrigade dans les archives du ministère de la guerre.

Quant aux contrôles du 2ᵉ bataillon des volontaires de Dôle et du 8ᵉ bataillon du Jura, ils ont été perdus, ainsi qu'il résulte d'une dépêche du ministère de la guerre, du 16 septembre 1865.

Ce qui est certain, c'est qu'à cette époque tous les jeunes gens de dix-huit ans furent soldats; il fut donc soldat, et dut servir jusqu'en 1795. Le colonel Epailly, dans ses vieux jours, disait que vers cette époque, il avait fait entrer son frère à l'arsenal de Strasbourg, où il fut employé lui-même pendant quelques mois.

L'ennemi ayant été chassé du territoire français, plusieurs jeunes soldats rentrèrent dans leurs foyers, soit isolément et sans congé, soit en vertu de congés réguliers. On ne pouvait les conserver sous les armes, car ils étaient douze cent mille, et l'argent manquait pour les payer.

On doit supposer que Pierre-Antoine rentra dans ses

foyers avec un congé, car les deux frères avaient l'intention
de se présenter aux examens de l'École polytechnique, qui
venait d'être créée, et ils durent en faire la déclaration à
leurs corps.

Ce qui est hors de doute, c'est que tous les deux vinrent
à Paris à la fin de l'année 1795, furent employés quelque
temps à l'agence des poids et mesures, et entrèrent à l'École
polytechnique le 30 avril 1796.

Pierre-Antoine Epailly ayant été retardé dans ses études
par une maladie, resta trois ans et demi à l'école, et le 22
décembre 1799, il entra à l'école des ponts-et-chaussées.

C'était à cette époque un grand jeune homme, à l'œil
bleu, maigre et mince, d'un caractère doux et vif, d'une
santé délicate, d'une tournure élégante, beau danseur,
homme du monde, mais peu passionné et d'une conduite
extrêmement sage.

Il ne resta pas longtemps à l'école des ponts-et-chaussées,
à Paris, car en 1800 il était déjà employé dans le département du Morbihan, à Lorient.

En 1801 il passa au canal du Dab, et en 1802 au département du Mont-Blanc; mais il n'était toujours que élève-
ingénieur.

Il ne fut nommé ingénieur ordinaire que le 7 février 1804,
et envoyé dans le département de la Charente-Inférieure
(Rochefort).

Trois ans plus tard, on l'envoya dans le département de
la Drôme, que dès lors il ne quitta plus.

Sa résidence fut d'abord la ville de Montélimart, où il fit
connaissance de M. Bérenger (Alexandre-Henry), vérifica-
teur de l'enregistrement, et de sa fille Marthe-Lucienne
Bérenger.

En 1810, il passa à Valence, chef-lieu du même département, où il retrouva Lucienne Bérenger, surnommée par abréviation Lucie, dont le père avait été nommé inspecteur.

L'ingénieur Epailly était sans fortune, et avait alors trente-six ans. Il épousa Lucie Bérenger dont il était épris, et qui n'avait pour dot qu'une propriété rurale d'une valeur atteignant à peine vingt mille francs.

Cette famille Bérenger était très-ancienne.

En remontant dans l'histoire on trouve sa souche primitive dans la personne de Bérenger, fils d'Eberard, et petit-fils de Louis-le-Débonnaire, roi de France, qui fut roi d'Italie, sous le nom de Bérenger Ier, de l'année 893 à l'année 924. Ce prince dont le gouvernement fut contesté, les armes à la main, par Lambert, fils de Gui, duc de Spolète, par Louis Bozon ou Louis III, roi d'Arles et de Bourgogne, et par d'autres, dut déployer une grande énergie guerrière, ce qui le fit taxer de cruauté dans quelques circonstances ; mais il était galant, et s'étant emparé de Berthe, fille de Lothaire et marquise de Toscane, qui lui faisait la guerre, il fut si touché de sa beauté qu'il la renvoya libre sans rançon. Il régna trente-et-un ans et mourut à Vérone.

Son petit-fils, dépossédé d'abord par Hugues, roi d'Arles, fut roi d'Italie sous le nom de Bérenger II, de 945 à 962. Vaincu par l'empereur d'Allemagne Othon Ier, en 962, il s'enfuit, mais fait prisonnier par Othon en 964, il fut envoyé à Bamberg, en Franconie, où il mourut en 966, après avoir régné dix-sept ans.

Le prince Bérenger (Adalbert), son fils, ne régna pas, mais le pape Jean XII le fit venir à Rome pour l'opposer à l'empereur Othon, qui fut vainqueur et demeura roi d'Italie.

Bérenger (Adalbert), banni d'Italie, dut se réfugier en France, dans le comté de Provence, qui avait d'abord formé un royaume en 855, sous le roi Charles, petit-fils du roi de France Louis-le-Débonnaire, et qui était par conséquent parent du prince Bérenger. En 1131, Doure, comte de Provence, étant mort sans postérité, Bérenger (Raimond), fils de Bérenger (Adalbert), obtint le comté de Provence.

Raimond Bérenger II lui succéda, comme comte de Provence, en 1145, et eut pour successeur Raimond Bérenger III, de 1162 à 1166.

Raimond Bérenger IV gouverna le comté en 1180, et Raimond Bérenger V, de 1209 à 1245.

Béatrix Bérenger, sa fille, fut comtesse de Provence de 1245 à 1267. Elle épousa Charles d'Anjou, fils de Louis VIII, roi de France, qui devint roi de Naples et de Sicile en 1265, et comte de Provence à la mort de Béatrix Bérenger, en 1267.

A dater de cette époque, les princes d'Anjou gouvernèrent la Provence jusqu'en 1343. Jeanne Irᵉ, reine de Naples, eut le comté jusqu'en 1381. Ladislas, roi de Naples, le gouverna jusqu'en 1386, date à laquelle lui succéda sa sœur, Jeanne II, jusqu'en 1414. Cette princesse montra des passions singulières dont on trouve trop souvent des exemples chez les femmes : elle eut pour amant un italien nommé Carazzole, qu'elle aima passionnément. Elle lui donna le duché de Melfi et la charge de grand connétable. Puis, elle le dépouilla de tous ses biens et de tous ses honneurs, et le fit mourir avec autant de cruauté qu'elle avait eu d'amour pour lui !...

En 1483 le comté de Provence fut réuni à la couronne de France, sous le roi Charles VIII, successeur de Louis XI.

Mais Béatrix Bérenger, morte en 1267, avait eu des frères ; l'un d'eux avait passé en Dauphiné, pays contigu à la Provence, qui s'était constitué indépendant en 1032.

En 1365, on trouve en Dauphiné Bérenger (Raimond), allié aux souverains de la Provence, qui devint grand maître de l'ordre de Malte, s'empara d'Alexandrie d'Egypte et de Tripoli de Syrie, et mourut en 1373.

On trouve aussi dans l'histoire Raimond Bérenger, qui fut roi d'Aragon, de 1137 à 1162, et Bérenger, archidiacre d'Angers, illustre hérésiarque, libre penseur, qui fut condamné dans un concile de Rome, en 1050, pour avoir critiqué le mariage, le baptême des petits enfants, et pour s'être fait le chef d'une secte nombreuse qui refusait de croire aux idées admises dans l'Eglise catholique sur la présence réelle de Jésus dans le sacrement de l'Eucharistie.

Le Dauphiné ayant été réuni en 1349 à la couronne de France, la famille Bérenger s'y perpétua, et par des naissances successives dont la trace et l'enchaînement font en ce moment l'objet d'une étude à l'Institut héraldique, une branche cadette, peut-être même bâtarde, vint se fixer à Valence, l'une des villes importantes du Dauphiné.

En 1738, on trouve le mariage de Bérenger (Marcellin), avec Marie Lafret, à Valence. De ce mariage naquit Bérenger (Alexandre), qui épouse Marthe Roland, et mourut en 1817, inspecteur de l'enregistrement à Valence.

Il laissa trois enfants dont l'un, Bérenger (Aimé), fut officier dans la marine impériale, et l'autre devint receveur des finances à Vienne.

Lucienne Bérenger, dite Lucie, qui épousa en 1810 l'ingénieur Epailly, ancien élève de l'Ecole Polytechnique, était son troisième enfant.

En 1789, le chef de la famille, à Valence, était Bérenger l'aîné, surnommé Bérenger-Flambeau, à cause de sa haute intelligence. Avocat distingué, il fut membre de l'Assemblée constituante et de l'Assemblée législative.

Son fils, fut Bérenger (Alphonse-Marie-Marcellin-Thomas), né à Valence, le 31 mai 1785; élevé d'abord à la campagne, dans une grande propriété, il fit ses études à Valence et à Grenoble, et fut nommé, le 16 juin 1806, conseiller-auditeur à la Cour impériale de Grenoble; en 1811, il publia une traduction remarquable des Novelles de l'Empereur Justinien, 2 volumes in-quarto. Les commentaires dont il accompagna cette partie importante du droit romain parurent si remarquables qu'il fut nommé, le 27 avril 1811, avocat-général à la Cour de Grenoble. Il n'avait que trente-et-un ans.

Quatre ans après, Napoléon Ier s'échappant de l'île d'Elbe vint débarquer en Provence et se rendit à petites journées jusqu'à la ville de Grenoble, qui lui ouvrit ses portes; le lendemain de son arrivée, il reçut, au palais qu'il occupait, la Cour impériale, et s'entretint longtemps avec l'avocat général Bérenger, lui demandant ses avis sur la situation politique, et sur l'organisation de la justice.

Marcellin Bérenger fut nommé, quelques jours après, député de l'arrondissement de Valence, pour faire partie de la Chambre des représentants, et se distingua comme orateur plein de noblesse et de dignité. Après la funeste bataille de Waterloo, la Chambre des représentants ne savait quelle conduite tenir; l'Empereur avait abdiqué pour la seconde fois, et l'ennemi approchait. Le député Bérenger monta hardiment à la tribune, déclara que jamais les Bourbons ne feraient le bonheur de la France et proposa de proclamer Napoléon II empereur; mais cette proposition courageuse et sage ne fut pas adoptée, malgré les efforts du député Manuel qui l'appuya vivement.

Louis XVIII étant monté sur le trône, on fit un travail d'élimination dans la magistrature, et l'avocat-général Bérenger fut révoqué pour cause de suspicion politique.

Il se retira alors dans sa terre de Champrousset, près de Valence, au milieu de ses vignes, de ses mûriers et de ses noyers, et vécut à l'écart, livré tout entier à l'étude de la jurisprudence ; suspect au gouvernement et surveillé par la haute police politique. En 1818, il publia un livre remarquable intitulé : « De la justice criminelle en France, d'après les lois permanentes, les lois d'exception et les doctrines des tribunaux. »

En 1827, M. Bérenger (Marcellin) était naturellement indiqué aux suffrages des électeurs de l'opposition dans l'arrondissement de Valence. Il s'était déjà mis en évidence en patronant vivement et en instituant à Valence une grande société industrielle, qui avait pour but de développer le commerce et l'industrie dans le département, et, bien que cette société n'eût pas réussi et n'eût laissé après elle que des ruines nombreuses, M. Bérenger fut nommé député.

Il avait épousé depuis peu de temps Mlle Lucrèce-Sophie Rigaud de Lisle, fille d'un riche propriétaire du département de la Drôme. En 1830, il eut un fils que l'on nomma L… et qui occupe aujourd'hui une bonne position dans la magistrature.

J'étais bien jeune alors, j'eus l'honneur d'être choisi pour tenir ce fils sur les fonts baptismaux, en remplacement de l'oncle de l'enfant qui n'était autre que le général Blancard, appartenant à la religion protestante, et qui, dès lors, ne pouvait être accepté comme parrain d'un nouveau-né catholique.

L'acte de baptème fut ainsi conçu :

« L'an mil huit cent-trente et le vingt-sept avril, a été baptisé René, né le vingt-deux de ce mois, fils légitime de M. Alphonse-Marie-Marcellin-Thomas Bérenger, député de la Drôme, et de dame Etiennette-Lucrèce-Sophie Rigaud de Lisle.

Le parrain a été Gabriel-Alexandre Epailly, représentant M. Amable Guy Blancard, maréchal de camp en retraite, chevalier de Saint-Louis, officier de la Légion d'honneur.

Et la marraine dame Marthe-Françoise-Geneviève-Lucienne Bérenger, épouse de M. Epailly (ingénieur).

Ont signé :

Marcellin Bérenger,

L. Epailly, née Bérenger,

Alexandre Epailly,

A. Blancard,

Johanys,

Félicie Bérenger,

Henry Bérenger,

Epailly (P.-A.),

L. Blois Johanys,

Marie Nagroy,

Clair aîné,

Cécile Blancard,

Mathilde Blancard,

Perrin, curé.

Le curé Perrin était ce qu'on appelle un bon vivant, toujours joyeux, sensuel, complaisant, indulgent, aimant la bonne chère et le bon vin, ce qui était surabondamment démontré par son énorme ventre et sa face rubiconde. Il ne savait rien refuser à ceux qui lui donnaient des dîners succulents.

Or, la table du député de la Drôme était excellente, le couvert du joyeux curé y était toujours mis ; on l'aimait, on le choyait dans cette famille qui était la plus riche de sa petite paroisse du Bourg-lès-Valence. La famille avait désiré que le général Blancard, oncle de Réné, fût son parrain, et, d'un autre côté, le curé ne pouvait l'admettre, d'après les lois de l'Eglise, puisqu'il était hérétique. Mais adoptant cette maxime célèbre qu'il est avec le Ciel des accommodements, le brave et drolatique curé inventa ce procédé d'un parrain catholique remplaçant, ou paraissant remplacer un disciple de Calvin !

A cette époque agitée et fiévreuse qui précédait de quelques mois une grande explosion populaire, M. de Polignac gouvernait, le roi Charles X s'entourait de prêtres, et l'opinion publique qui réagissait, riait un peu des coutumes et cérémonies religieuses ; on prenait peu au sérieux le baptême, et peut-être le député de la Drôme, imbu des idées du jour et de la philosophie du XVIIIe siècle, prenait-il un malin plaisir à jouer ce petit tour au bon curé Perrin de le forcer, malgré lui, à faire preuve de tolérance vis-à-vis de la religion réformée ?

Quoi qu'il en soit, si sa Sainteté le Pape, seul juge compétent en cette matière, était appelé à décider quel est le vrai parrain, il est évident qu'il ne pourrait statuer en faveur du brave général Blancard, qui était un guerrier illustre, mais qui, aux yeux de l'Eglise, n'en était pas moins, à cette époque, un hérétique bien caractérisé, et par conséquent excommunié et parfaitement inhabile à figurer dans une cérémonie catholique.

Ce qui est encore plus remarquable que tout le reste, c'est que le général Amable Blancard était présent, et qu'il signa l'acte de baptême ; on y lit en effet la signature A. Blancard.

On se demande, puisqu'il était là, pourquoi il se faisait représenter. A cette demande il ne peut y avoir de réponse, si ce n'est qu'il ne se faisait pas représenter, mais qu'il se faisait remplacer. Peut être donnait il, sans le vouloir, dans un petit piége tendu à sa confiance en signant, lui protestant, un acte catholique. Evidemment, il aurait dû abjurer avant de signer.

Le député Bérenger vint se ranger dans l'opposition, s'allia aux députés libéraux hostiles au gouvernement, signa la fameuse adresse des 221 et fréquenta assidûment les salons du duc d'Orléans, au Palais Royal ; quand survint la révolution de juillet 1830, il devint l'un des soutiens du nouveau gouvernement. Le 28 septembre 1830, il fut nommé par la Chambre des députés, en qualité de Commissaire pour soutenir l'accusation des anciens ministres de Charles X devant la Chambre des pairs, et il eut pour collègue MM. Persil et Madier de Monjeau. C'était une époque difficile ; il régnait dans le peuple une grande irritation contre les anciens ministres, et surtout contre M. de Polignac ; la foule ameutée demandait à grands cris la tête des ministres ; heureusement, on ne les condamna pas à mort, et ils allèrent passer seulement quelques années au donjon de Vincennes et au château de Ham.

Le 14 mai 1831, le député Bérenger, fut nommé d'emblée conseiller à la Cour de Cassation, sans jamais avoir été procureur général, ni président de Cour ; mais le roi Louis-Philippe, qui l'estimait beaucoup, voulut sans doute lui tenir compte des quinze ans qu'il avait passé dans la disgrâce sous la Restauration, ce qui avait arrêté sa carrière. A cette époque du reste, un député avait beaucoup d'influence, et pouvait être nommé à toute fonction ; les députés n'étaient pas rétribués et un grand nombre d'entre eux étaient magistrats ou fonctionnaires.

M. Bérenger avait à la Chambre une position importante, bien qu'il ne fut pas au premier rang comme orateur ; il fut plusieurs fois nommé rapporteur des commissions, et fit notamment deux rapports très-remarquables, l'un pour l'abolition de la peine de mort, l'autre pour maintenir l'hérédité de la pairie ; ces deux propositions ne furent pas adoptées, mais firent beaucoup d'honneur au rapporteur. M. Bérenger fut nommé vice-président de la Chambre, et présida plusieurs fois avec sagesse. C'est alors que son salon devint le rendez-vous d'un grand nombre de personnes remarquables par leur esprit. Je me rappelle d'y avoir rencontré le baron Baude, ancien préfet de police, M. de la Sizeranne, aujourd'hui sénateur, M. le premier président Portalis, M. le procureur général Dupin, M. le duc Decazes, etc. On y voyait fréquemment le général Blancard, le colonel Epailly, la vicomtesse de Pompery, Madame Epailly née Bérenger, et surtout le conseiller à la Cour de Cassation Joseph Rocher qui devint plus tard recteur de l'Académie de Toulouse, et qui possédait l'esprit le plus fin et le plus distingué uni à la plus grande bienveillance.

Sous la Restauration, le député Bérenger fut, en politique, du parti de Lafitte, de Benjamin Constant, de Manuel, de Casimir Périer.

Pendant le Gouvernement de Juillet, il se plaça presque constamment dans ce qu'on appelait le centre gauche, c'est-à-dire intermédiaire entre ceux qui soutenaient systématiquement le pouvoir, et ceux qui l'attaquaient de même.

Il fut souvent avec le comte Molé, avec M. Thiers, avec M. le duc de Broglie.

Généralement, il fut peu partisan des idées de M. Guizot.

Quand l'agitation qui précéda de quelques jours la révo-

lution de février 1848 devint sérieusement menaçante, il prévint M. Guizot que le pays s'inquiétait, et que la situation devenait périlleuse.

Mais M. Guizot lui répondit d'un air plein d'orgueil et d'assurance qu'il n'y avait rien à craindre, et qu'il avait tout prévu.

L'événement ne tarda pas à prouver que l'avertissement était bon et que le ministre s'aveuglait.

Lorsque la république vint, soudaine mais généralement acceptée, et qu'il fut question de nommer un président chef du Pouvoir exécutif, M. Bérenger se prononça pour le général Cavaignac; il ne connaissait pas le prince Louis-Napoléon et ne soupçonnait pas qu'il eût les qualités gouvernementales qu'il fallut bien lui reconnaître plus tard.

Ce fut là une faute politique. Mais peut-être les idées de guerre, qui ne peuvent être du goût d'un pacifique magistrat, et qui se rattachaient au souvenir de Napoléon Ier, entrèrent-elles pour une part dans cette appréciation. Un Napoléon devait fatalement s'appuyer sur l'armée, et l'armée est exigeante. Pour lui plaire, et surtout pour plaire à ses chefs, il faut faire la guerre, à des intervalles rapprochés, et les motifs se présentent souvent.

Il est presque impossible au Pouvoir qui doit son origine à l'armée d'échapper à cette nécessité. C'est ainsi que cette fameuse parole : « L'Empire, c'est la paix, » a dû subir quelques modifications glorieuses, mais coûteuses, par les guerres de Crimée, d'Italie, de la Chine et du Mexique.

M. Bérenger devint président de la Société de patronage des jeunes détenus libérés, et membre de l'Académie des sciences morales et politiques; il fut chargé d'élaborer un Code pénal et de procédure criminelle pour le royaume de Suède, et se rendit à cet effet à Stockholm; il reçut à cette occasion la décoration de commandeur de l'ordre de l'Etoile polaire. Il avait déjà reçu celle d'officier de l'ordre de Léopold de Belgique. Le 7 novembre 1839 il fut informé par le *Moniteur* que le roi l'avait nommé pair de France; il refusa d'abord, et ce refus donna lieu, dans les journaux de l'époque, à des lettres et à des appréciations très curieuses; il alléguait qu'on ne l'avait pas consulté, qu'il préférait rester député, qu'il n'avait pas assez de fortune pour tenir le rang et l'état de maison qui convenait à un pair de France. Il finit cependant par accepter pour ne pas déplaire au roi.

En 1848, la Chambre des pairs fut supprimée, et en 1849 M. Odillon-Barrot devint ministre; le 7 novembre 1849, sur la présentation de M. Odillon-Barrot, M. Béren-ger fut nommé par le président de la République, président à la chambre civile de la Cour de Cassation.

A peine était-il installé dans ses fonctions qu'il fut chargé de présider la haute Cour de justice à Bourges, pour juger les auteurs de l'attentat du 15 mai 1848 contre l'Assemblée nationale; l'année suivante il fut appelé à présider la même Cour à Versailles pour statuer sur le sort des auteurs de l'attentat du 13 juin 1849, c'est-à-dire de la révolution avortée que voulut tenter Ledru-Rollin pour protester con-tre l'envoi d'une armée destinée à détruire la République de Rome.

Le président Bérenger conduisit ces deux grands procès politiques avec une parfaite dignité, et avec une bienveillance rare envers les accusés. Ce fut quelques années plus tard qu'il publia un livre intitulé : « De la répression pénale, de ses formes et de ses effets. » Enfin, l'âge de la retraite sonna, et M. Bérenger, âgé de 75 ans, dut se retirer le 31 mai 1860, avec le titre de président honoraire de la Cour de Cassation, et le grade de grand officier de la Légion d'honneur.

Depuis cette époque, il passait les trois quarts de l'année dans sa maison de campagne de Champrousset, sur le fronton de laquelle il avait inscrit cette devise : « *Paterna et apta mihi.* »

Il est mort à Paris le 8 mars 1866, à l'âge de 80 ans et neuf mois, laissant cinq enfants.

J'eus un jour occasion de parler du président Bérenger au prince Président de la République, devenu depuis Napoléon III.

C'était le 15 août 1851 ; j'avais obtenu une audience par l'intermédiaire de M. Binet, ancien professeur de mathématiques, et du général Roguet ; je me rendis donc à midi à l'Elysée National, faubourg Saint-Honoré, où résidait alors le chef de l'Etat, et je fus reçu dans le cabinet de travail du prince, où l'on remarquait les portraits en pied de Napoléon Ier et de la reine Hortense.

Après quelques mots relatifs à mes fonctions et à un emploi que je sollicitais, je dis au prince que j'étais parent de M. le président Bérenger, de la Cour de Cassation, qui en 1815, à la Chambre des représentants, avait proposé à la tribune de placer Napoléon II sur le trône, après l'abdication de l'Empereur. « Ah ! me répondit le Prince, avec un sourire bienveillant, j'ignorais cette circonstance, mais je sais que M. Bérenger est un des hommes les plus honorables de notre époque. »

Le président Bérenger était de haute taille ; sa figure était très-colorée, son nez busqué et de grande dimension, le regard fixe et sévère, la démarche et la tenue austère ; il avait l'aspect digne et glacial ; cependant, il était très-bon. Il rendit, en mille occasions, des services importants aux membres de sa famille et à ses compatriotes. Je lui avais voué une profonde vénération, et pendant longtemps il me traita presque comme son fils.

Il avait une certaine indépendance de caractère, critiquait souvent les actes des Ministres, et refusa plusieurs fois d'être Ministre de la justice sous le gouvernement du roi Louis-Philippe.

Il était, dans son âge mûr, tolérant, indulgent, gai dans l'intimité. Toutefois, il avait l'esprit trop élevé pour aimer l'adulation, et s'il vivait encore, il ne voudrait pas d'un éloge sans restriction. Je dois donc dire qu'en vieillissant il abandonna trop les idées de sa jeunesse et de son âge mûr ; il affecta une grande apparence d'austérité et devint moins indulgent pour la faible humanité ; peut-être subit-il à cet égard, malgré lui, des influences intimes et d'intérieur auxquelles l'affection ne lui permettait pas aisément de résister ; il ne savait pas repousser certaines séductions de langage lorsqu'elles avaient pour interprètes des voix féminines qui lui étaient chères, et qui avaient pour but de l'induire en erreur.

Son esprit devint antipathique aux idées de liberté en politique, et de libre examen en matière religieuse. C'est ainsi qu'il donna son vote, dans l'Académie des sciences morales et politiques, à M. Cochin, candidat clérical patroné par M. de Montalembert. Il est juste d'ajouter que ce vote pouvait être interprété d'une autre manière, car M. Cochin était un adversaire du despotisme érigé en système de gouvernement, et, sous ce rapport, voter pour lui, c'était encore un appel timide à la liberté.

Le président Bérenger avait prouvé du reste, par sa conduite vis-à-vis du gouvernement de l'Empereur Napoléon III, qu'il préférait sa dignité personnelle aux honneurs et aux gros traitements ; en sa qualité d'ancien pair de France et de magistrat éminent, il aurait pu facilement, par un peu de servilité, obtenir d'entrer au Sénat ; mais il pensait avec raison que les gouvernements doivent aller au devant des hommes qui sont en état de les servir avec honneur ; il se tint politiquement dans une grande réserve, et tout en gardant dans son cœur le souvenir sacré de Napoléon Ier et de Napoléon II, il demeura fidèle au malheur de la famille d'Orléans ; il alla rendre visite à la reine Amélie sur la terre d'exil !

A cette conduite si noble je ne puis que rendre hommage, moi qui n'ai jamais eu de servilité pour personne et qui ai toujours préféré mon indépendance et ma dignité à l'or que j'aurais pu facilement obtenir en échange.

La famille Bérenger comptait encore, en 1810, dans ses rangs un illustre guerrier, le général Bérenger (Claude-Antoine), né à Valence en 1765.

Parti comme capitaine à la tête d'une compagnie de volontaires en 1793, il fit avec distinction les campagnes de 1794 et 1795 en Allemagne, et fut gravement blessé de deux balles à la tête, non loin de Gratz, en Styrie.

Pendant les années 1796 et 1797, il fit les campagnes d'Italie sous les ordres du général en chef Bonaparte, et devint chef de bataillon. En 1798, il fut appelé à commander successivement la ville de Velletri et le château Saint-Ange à Rome ; partout il se fit remarquer par la sagesse et la modération qu'il montra dans l'exercice de ses fonctions, et l'on conserve encore à Velletri le souvenir du bien qu'il fit à la ville ; Rome était alors en République sous la protection de l'armée française. Quand le général Championnet, dont il était le compatriote et l'intime ami, marcha de Rome sur Naples avec son armée, il prit pour chef d'état-major le commandant Bérenger ; puis il le fit commandant de place à Naples, et quand il voulut organiser un corps armé napolitain, il mit à sa tête Claude Bérenger, devenu général. En 1800, le vaillant Championnet mourut, et quelque temps après le général Bérenger, découragé et désespéré, quitta le service militaire auquel il ne pouvait plus se livrer qu'avec difficulté par suite de ses blessures. Il se retira alors à Rome, où il s'était marié le 9 août 1798, avec mademoiselle Caterina Rossetti.

On pourrait croire qu'étant ami intime du général républicain, il refusa de s'associer, par scrupule d'opinion, à la fortune du Premier Consul et de l'empereur Napoléon 1er, mais ce n'était pas là le motif qui le guida, car lorsque l'Empereur envoya un corps d'armée à Rome, en 1809, Claude Bérenger, qui avait perdu toute sa fortune dans des placements imprudents sur les biens nationaux, accepta les fonctions de commandant de la garde municipale de Rome, et les continua jusqu'en 1813.

Il mourut à Rome en 1829, à l'âge de soixante-quatre ans, laissant plusieurs enfants, et notamment deux fils dont l'aîné, Jean Bérenger, né en 1801, est expert public en comptabilité à Rome et chef de l'administration des propriétés du prince Chigi. L'autre est mort capitaine au service du Saint-Siége.

Le général Bérenger était blond, avec les yeux bleus; il avait la figure ronde et colorée; il ne portait pas de barbe et avait les cheveux frisés; il portait à la joue gauche la trace d'une balle. Du moins, c'est ainsi qu'il est représenté, avec un habit bleu galonné et des épaulettes d'or, sur un portrait peint à l'huile par Blanchard, prix de Rome.

C'était un homme brave par excellence, hardi, mais calme, sage et prudent; il était très gracieux de sa personne et bien élevé; en sept années de guerre, il était devenu général à l'âge de trente-cinq ans, ce qui annonçait un mérite exceptionnel. Il versa son noble sang pour la France et rendit de grands service à la ville de Rome et aux cités environnantes.

Sa veuve qui se remaria secrètement quelques années après sa mort avec un honorable vieillard, le comte de Dominici, mais qui conserva toujours son nom de veuve Bérenger, est aujourd'hui plus qu'octogénaire et réside à Viterbe, à quelque distance de Rome, où elle est grandement vénérée et entourée des soins attentifs et pieux de sa fille Fanny, mariée au docteur Tiani.

Le général Bérenger avait un écusson, à gueules d'or et d'argent, surmonté d'un casque à triple panache, d'une forme très-simple, dont son fils Jean Bérenger a hérité, et qui offre une concordance remarquable avec les armes de Bérenger (Raymond), le grand-maître de l'ordre de Malte, mort en 1373, descendant du roi Bérenger.

———

Revenons maintenant à l'histoire du jeune ingénieur Epailly :

Nous avons dit qu'en 1810, il épousa Mlle Marthe-Lucienne Bérenger ; cette jeune et gracieuse personne, aux yeux bleus et aux cheveux blonds, venait de perdre sa mère, et l'un de ses frères, Gabriel-Aimé Bérenger, s'engagea, dans le cours de la même année, sur la gabare l'*Expéditive*, armée en course et en guerre contre les Anglais ; il devint, en 1812, aspirant de marine sur le même navire.

A partir de cette époque commença pour l'ingénieur Epailly la vie de famille avec tous ses devoirs et toutes ses charges.

En 1821, il avait quatre enfants, et fut nommé ingénieur ordinaire de 2e classe.

Ainsi, dans l'espace de vingt-et-un ans, il n'avait obtenu qu'un seul avancement.

Et pourtant, c'était un travailleur infatigable.

Il aimait le travail avec passion et pour le travail lui-même, par amour-propre d'état; mais sans aucune arrière pensée d'avancement ou d'ambition.

Souvent, au milieu de sa correspondance et de ses plans, il oubliait les heures des repas, et il fallait aller l'arracher de son bureau pour le forcer de se mettre à table.

Il s'occupa notamment de la création d'une route fort difficile dans les montagnes du Vercos, et pour exécuter le tracé de cette route, plus d'une fois il brava la mort en franchissant des précipices sur de frêles échelles, et en se faisant suspendre par des cordes au flanc des rochers.

Il s'occupa beaucoup aussi de la construction des digues de la commune d'Alex, et même il ne fut pas payé de ses travaux par le syndicat.

Cette créance reste encore à régler aujourd'hui.

Il fit construire le joli pont de Saint-Vallier que l'on admire en passant sur le Rhône en bateau à vapeur; ce travail est plein d'élégance.

En 1822, on lui confia la construction du pont de la Roche, sur l'Isère, pour le passage de la grande route de Lyon à Marseille. Ce pont est un des plus beaux de France, et on ne peut le comparer qu'au pont d'Iéna, à Paris.

L'ingénieur Epailly était alors sous les ordres de l'ingénieur en chef Chabord, homme âgé, décoré, qui n'était pas sorti de l'École polytechnique. Aussi l'ingénieur ordinaire n'était pas toujours d'accord avec lui sur le service et sur la manière de diriger les travaux.

Il en résultait une situation un peu tendue par suite de laquelle M. Chabord ne pensa point à demander pour son collaborateur subordonné de l'avancement ou la décoration.

Au surplus l'ingénieur Epailly ne demandait pas lui-même d'avancement.

Pour complaire à sa femme, qui avait pris beaucoup d'empire sur lui, il avait décidé qu'il ne chercherait pas à quitter Valence, où elle était née et où elle avait sa famille.

Pour avoir de l'avancement, il devait donc attendre, ou que M. Chabord quittât le département ou qu'il mourût.

Mais M. Chabord ne voulait pas lui-même quitter Valence sans avancement, et il n'avait pas une capacité assez élevée pour être nommé inspecteur-général des ponts et chaussées; il resta donc à Valence jusqu'à sa mort, qui eut lieu en 1830.

L'ingénieur Epailly avait alors cinquante-cinq ans.

On le nomma ingénieur en chef du département de la Drôme. Certes, c'était justice. Il servait avec le plus complet dévouement depuis trente-quatre ans, non compris deux ans de services militaires, et ses camarades de l'École polytechnique avaient presque tous depuis longtemps le grade d'ingénieur en chef ou d'inspecteur général.

Enfin, il se trouvait chef de service dans le département qu'il habitait depuis 1804 et dont il connaissait toutes les localités et tous les besoins.

Ce fut vers cette époque qu'il fit construire à Valence, pour le compte de l'État, un immense bâtiment qui devait être d'abord un grand séminaire, et qu'il fallut ensuite transformer en caserne. Il fit en même temps extraire du lit du Rhône un énorme bloc que l'on nommait la roche de Glun et qui était un danger permanent pour la navigation.

L'ingénieur en chef Epailly, aimé de tous, honoré, respecté, devait être sans doute satisfait d'être devenu chef de service, quoique tardivement, dans un département important; mais au bout de cinq ou six ans dans ce poste élevé, n'était-ce pas là le cas de lui accorder la décoration?

Tous les chefs de service dans un département sont ordinairement décorés lorsqu'ils comptent environ trente ans de services. L'ingénieur en chef Epailly en avait quarante ; il était ancien élève de l'École polytechnique, et se trouvait à la tête du premier des services administratifs. Aujourd'hui presque tous les ingénieurs de l'État sont décorés à l'âge de trente-cinq ans ; à quarante-cinq ans, on les nomme officiers de la Légion d'honneur.

L'ingénieur en chef Epailly était en fort bons termes avec les préfets qui se succédèrent à Valence, notamment MM. Henri et Saladin. Cependant, il leur faisait quelquefois de l'opposition lorsqu'il croyait devoir le faire dans l'intérêt du service qui lui était confié, et pour accomplir rigoureusement son devoir.

Cette résistance accidentelle ne les empêchait pas d'avoir pour lui la plus profonde considération et la plus grande estime ; car on savait qu'il avait la conscience pure et droite.

Mais enfin, il n'était pas courtisan ; il ne savait pas se courber jusqu'à terre pour solliciter une faveur. Il ne voulait pas, à l'occasion, faire des concessions en faveur des intérêts de quelque personnage influent et abandonner pour lui plaire les droits de l'État et du département.

C'est ainsi qu'il s'attira l'animosité d'un grand propriétaire, aujourd'hui sénateur, qui voulait absolument faire passer une route auprès de son château ; mais ce détour de la route aurait coûté quelques milliers de francs sans satisfaire aucun intérêt général, et l'ingénieur en chef crut devoir s'y opposer.

On le voit, il ne connaissait pas ou ne voulait pas appliquer l'art de se faire des protecteurs ?

Cela tenait à son caractère :

Il était en effet de mœurs très-simples. Sobre, sans passion, il n'avait aucun vice. Avant son mariage, on prétend qu'il n'avait eu aucune relation amoureuse.

Sa vie conjugale avait été exempte d'orages :

Mariée à une femme d'un caractère vif et dominateur, il cédait toujours dans les discussions, par amour de la paix. Mais quoique ayant une grande modestie, et une certaine timidité d'allures, il était peu souple avec les hommes; quand il croyait avoir raison, il luttait avec opiniâtreté. Vis-à-vis de ses employés, il était d'une bonté extrême; avec les entrepreneurs seulement, il était toujours exigeant, et se laissait aller à de violentes colères de parole, lorsqu'il surprenait des fraudes ou des abus.

Il connaissait toutes les sciences, avait un style très-correct, une profonde connaissance de la langue française. Avec son amour du travail et sa belle intelligence, il ne lui manqua pour devenir un administrateur, un ministre peut-être, qu'un peu d'orgueil et d'ambition. Il n'eut peut-être pas assez de passions.

« On ne fait rien au monde de grand, a dit M. Thiers, dans son histoire de la Révolution française, tome 8, page 332, sans les passions, sans l'ardeur qu'elles communiquent à la pensée et au courage. »

Le même historien, à la page 544, s'exprime ainsi : « En 1796, les fournisseurs de l'armée d'Italie déployaient un faste scandaleux, et ils achetaient avec le prix de leurs exactions les faveurs des plus belles actrices. Bonaparte, qui avait en lui toutes les passions, mais qui dans le moment était livré à une seule, la gloire, vivait d'une manière simple et sévère. »

L'ingénieur en chef Epailly, qui avait le sang calme et froid, vivait d'une manière simple et douce, et n'avait en lui qu'une seule passion, celle de son métier.

Il avait dû pendant sa jeunesse respirer les idées de Rousseau, de Voltaire, de Diderot, de Mirabeau, de Condorcet; l'éducation scientifique avait dû imprimer à son esprit des habitudes de libre examen et d'indépendance; et cependant comme sa femme élevée dans un pays où les prêtres ont une grande influence, détestait la révolution, les philosophes, les protestants et les républicains, il avait, pour lui plaire, adopté ses idées.

Il se souvenait sans doute aussi de son enfance qu'il avait passée chez les religieux oratoriens, en y puisant les premières notions sur les questions théologiques.

Quoiqu'il en soit, dans ses dernières années, il était devenu très-dévot, et suivait assidûment les exercices du culte catholique; sa belle intelligence consentait à s'humilier dans le confessionnal; il s'agenouillait et baissait la tête devant la parole d'un jeune prêtre à peine sorti du séminaire! Il suivait la procession un cierge à la main!

C'était l'effet d'une modestie extrême, et peut-être aussi, sans qu'il s'en doutât, d'un certain découragement en présence du peu de récompense qu'il trouvait ici-bas pour ses travaux multipliés.

Sous le gouvernement de Louis XVIII, et surtout sous celui de Charles X qui expiait ses péchés de jeunesse en suivant les processions; cette foi religieuse jointe à la pratique minutieuse des cérémonies de l'Eglise, aurait pu être un titre aux faveurs, mais elle aurait pu être suspecte d'hypocrisie.

Sous le règne du roi philosophe Louis-Philippe Ier, elle devait être reconnue pour sincère et véritablement convaincue; peut-être même donnait-elle à cette époque un léger cachet de ridicule aux yeux de certains esprits; et cependant c'était injuste.

Quoiqu'il en soit, aucun des préfets du département de la Drôme ne proposa pour la croix l'ingénieur en chef Epailly, cet homme si honorable, si distingué, si laborieux, si universellement estimé et considéré.

Quant à lui, on pourrait presque dire que, ne voyant pas arriver à lui la croix, signe de l'honneur et du mérite civil, et ne voulant pas la demander, il s'adressait à la grande croix, à celle qui fut jadis instrument de supplice et qui est devenue le symbole des chrétiens. Mais on doit croire plutôt qu'il n'y pensait pas, qu'il ne s'en occupait pas.

Peut-être même croyait-il qu'il n'avait pas encore assez fait pour la mériter ? et cela même l'en rendait encore plus digne.

Il n'était pas venu à Paris depuis quarante ans ! Comment l'administration centrale aurait-elle pu penser à lui pour le décorer.

On l'oublia.

Peut-être aussi ne voulut-il pas attirer l'attention sur l'ancienneté de ses services, de crainte que, pour récompense, on ne lui donnât sa retraite d'office, c'est-à-dire diminution des deux tiers de son traitement, de ce modeste traitement qui était sa seule ressource pour donner de l'éducation à ses trois fils.

Mais ce travail acharné, du matin au soir, qu'il voulait continuer sans trève ni interruption, devait user à la fin le corps et l'esprit.

Un jour vint où la fièvre le prit et il mourut en fonctions le 29 septembre 1839, après quarante-cinq ans de services.

Ses dernières paroles furent pour ses enfants, pour les travaux auxquels il avait consacré sa vie, et pour son frère le colonel Epailly qui lui survivait quoique plus âgé.

Il mourut sans fortune, il mourut à la peine, à l'âge de

soixante-quatre ans et dix mois, et la ville entière vint assister à ses funérailles.

Mais son épée seule put être placé sur son cercueil, et l'on ne put l'orner de la croix d'honneur qu'il avait cent fois méritée !

J'ai voulu du moins sauver de l'oubli une vie si noblement employée et si peu récompensée.

L'histoire, trop souvent, ne s'occupe que des souverains et des princes. Rien de plus injuste. La naissance et le succès ne doivent pas constituer un privilége. Il faut réagir contre cette tendance et mettre en lumière les hommes de mérite, quel que soit leur rang.

Le burin de l'histoire peut-il plus utilement s'exercer qu'en constatant avec justice et perpétuant, jusqu'au-delà des siècles, les actes héroïques ou dévoués accomplis par des hommes obscurs à qui l'on rend pour ainsi dire la vie ?

Ces actes constituent, pour leurs descendants, une richesse qui en vaut bien une autre : l'Honneur de la Famille !

FIN.

TABLE DES MATIÉRES ou RÉSUMÉ.

PREMIÈRE PARTIE.

DEUXIÈME PARTIE.

FIN DE LA TABLE.

Argenteuil, imprimerie P. Worms.

www.ingramcontent.com/pod-product-compliance
Lightning Source LLC
Chambersburg PA
CBHW072058080426
42733CB00010B/2157